MEILIZHONGGUO HEXIEJIAYUAN
MINZUZIZHIDIFANG FAZHANCHENGJIUZHAN XUNLI

美丽中国·和谐家园
民族自治地方发展成就展巡礼

甘南藏族自治州卷

民族文化宫 编

民族出版社

美丽中国·和谐家园
民族自治地方发展成就展巡礼

编委会

主　　编：孙青友

副 主 编：钟兴奎　们发延

编　　审：钟兴奎　们发延　杨国文　马志敏　张树泉　徐　莹　雍继荣
　　　　　陈　烨　何　丽　吴贵飙　崔光弼　艾合买提买买提

编　　者：（按姓氏笔画排序）：
　　　　　王　超　王佳媛　央　珍　白　旭　冯子倩　先　巴　刘文丽
　　　　　安　宁　许传哲　李　婷　李学思　杨　行　杨胜锋　吴家鹏
　　　　　辛宇玲　陈　红　罗吉华　炬　华　赵　茵　高彩云　陶　颖
　　　　　龚文龙　崔德志　覃诗翠　鲁　艳　蔡苏宁　穆慧贤

联　　络：鲁　艳　孔得喜　安　宁

资　　料：张仁明　王　爽　王　乐

甘南藏族自治州卷

编　　审：钟兴奎

副编审：安　宁

编　　辑：王佳媛

总　序

　　为全面宣传党的民族政策和中国特色解决民族问题正确道路的成功实践及其取得的巨大成就，国家民委自2013年起，在民族文化宫举办"美丽中国·和谐家园——中国少数民族经济社会文化系列展"。展览以习近平新时代中国特色社会主义思想为指导，深入贯彻落实习近平总书记关于加强和改进民族工作的重要思想，以铸牢中华民族共同体意识为主线，全方位展示我国民族地区经济建设、政治建设、文化建设、社会建设和生态文明建设取得的巨大成就，充分展现中华文化的多彩之美、民族关系的和谐之美、民族地区的自然之美。

　　截至目前，已有5个自治区、20个自治州和部分自治县成功举办发展成就展。这些展览，一方面生动宣传了党的民族政策和民族区域自治制度，全面展现了中华民族一家亲、同心共筑中国梦的时代风貌；另一方面，也成为展示民族地区经济社会文化发展的重要窗口，成为保护和传承各民族优秀传统文化、增进各民族交往交流交融的重要载体，对促进新时代民族地区高质量发展具有重要意义。

　　为打造"永不闭幕"的民族自治地方成就展，书写新时代、展现民族地区新风采的"微型百科全书"，在中国共产党成立100周年之际，按照国家民委的部署，民族文化宫组织编纂了《美丽中国·和谐家园——民族自治地方发展成就展巡礼》系列丛书。

《巡礼》系列丛书计划编纂30册，每个民族自治州独立成册，视办展情况陆续出版。每册内容包括序篇、奋进历程篇、建设成就篇、民族团结篇、自然人文篇等5个篇章，以图片、数据、图表、文字相结合的方式呈现。系列丛书记述民族自治地方发展历程，以全面反映改革开放以来特别是党的十八大以来，在党的民族政策的光辉照耀下民族自治地方发生的历史性巨变，为广大读者及大专院校、科研机构提供参考。

《美丽中国·和谐家园——民族自治地方
发展成就展巡礼》系列丛书编委会

目 录

序 篇 / 1

奋进历程篇 / 15
　一、民主政治 / 17
　二、改革开放 / 19
　三、砥砺奋进 / 26

建设成就篇 / 27
　一、经济建设 / 29
　二、政治建设 / 88
　三、文化建设 / 96
　四、社会建设 / 159
　五、生态建设 / 182

目 录

民族团结篇 / 197
一、民族团结进步创建 / 199
二、民族团结宣传教育 / 205
三、各民族交往交流交融 / 210

自然人文篇 / 211
一、优美的自然景观 / 213
二、种类繁多的珍稀动物 / 236
三、丰富的人文与旅游资源 / 243
四、独具特色的饮食文化 / 259

结　语 / 262
后　记 / 263

序 篇

拉卜楞寺全景

甘南藏族自治州（以下简称"甘南州"）是我国30个民族自治州之一，原为1953年10月成立的甘南藏族自治区，1955年7月1日改为甘南藏族自治州。人口74.97万（2019年）。有汉、藏、回、东乡、土、裕固、保安、满、蒙古、撒拉、哈萨克、壮、朝鲜、维吾尔等十多个民族，其中藏族人口42.38万人，占全州人口总数的56.5%。

甘南州占地面积4.5万平方公里，下辖合作市和临潭、卓尼、舟曲、迭部、玛曲、夏河、碌曲七县，共99个乡镇（街道办）、664个行政村。州府设在合作市，是全州政治、经济、文化中心。

甘南州位于甘肃省西南部，地处青藏高原与黄土高原过渡的甘、青、川三省结合部，是汉、藏文化的交汇带，是黄河、长江的水源涵养区和补给区，费孝通先生称之为"青藏高原的窗口"和"藏族现代化的跳板"。南与四川阿坝藏族羌族自治州相连，西南与青海黄南藏族自治州、果洛藏族自治州相接，东部、北部与陇南、定西、临夏毗邻。全州分为三个自然类型区，南部为岷迭山区，东部为丘

玛曲黄河第一弯

陵山地，西北部为广阔的草甸草原。境内草原广阔，海拔1100～4900米，平均气温1.7℃，无霜期短，日照时间长，是典型的大陆性气候。

甘南历史悠久。新石器时代在三河一江流域就有人类开发这块亘古荒原，随着历史的进程，甘南的羌部逐渐建立自己的部落联盟或依附中原王朝，民族间的交流

日渐频繁起来。秦时部分地方已属临洮管辖。西汉时，东部属陇西郡、北部属金城郡，设白石、羌道两县。隋时的临洮郡、枹罕郡、宕昌郡分别管辖今甘南的西北和东南部部分地区。唐朝初年废郡置州，甘南境内曾为洮州、芳州、迭州的全部和河州、宕州的部分，西北部属吐谷浑、吐蕃的范围。元代属宣政院管辖，吐

蕃等处宣慰司统领。明代属陕西都司管辖。清乾隆时，州境大部属巩昌府，夏河由循化抚番厅管辖。1913年废府设道，临潭县属兰山道，西固县（今舟曲县）属渭川道。1928年建立夏河县，改属甘肃管辖，1937年成立卓尼设治局。1949年9月—12月，临潭、卓尼、夏河、西固相继解放。1952年7月设立甘南藏区委员会。

甘南州物产与文化旅游资源丰富，是甘南经济社会发展的基础。

水电资源。甘南州地处长江、黄河上游，境内有以黄河、洮河、大夏河、白龙江为代表的120多条干支河流。水电资源理论蕴藏量为361万千瓦，占甘肃省的20.94%；可开发量为216万千瓦，占甘肃省的22.42%。

中藏药资源。甘南州地处青藏高原北半坡，是甘肃省主要的药材区之一。境内蕴藏的纯天然野生中藏药材850余种，大多生长在海拔3000米以上，现已有部分中藏药材进行人工栽培种植阶段，截至2019年底，全州已种植的中藏药材600多种，产量5.46万吨。

畜牧资源。甘南州是甘肃省主要的畜牧业基地，拥有亚高山草甸草场4085万亩，占全州总面积的70.28%；草地可利用面积3848万亩，占草场面积的94.20%，是青藏高原和甘肃省天然草地中载畜能力较高、耐牧性较强的草场。截至2019年，各类牲畜年存栏355.46万头（只）。肉类总产量9.6万吨，鲜奶102333吨，羊毛1935吨。

矿产资源。有铁、铜、铅、锌、贡、锑、金、银、铂族元素、钒、钛、钴、钨、锡、钼、铋、锗、镓、铈、镧、硒、铀、钍、镭、铍、硫、砷、白云岩、硅石、冶金灰岩、化工灰岩、煤、泥炭、大理岩、冰洲石、石墨、绿松石、玛瑙等45种矿产分布。已经探明的有23种，其中金、铀、砷、汞、铋、泥炭储量为甘肃省第一位；铁、锡为第二位；铅、锑为第三位；铜、硫铁矿为第四位；银、磷为第五位。

文化旅游资源。甘南州被国家确定为生态主体功能区和生态文明先行示范区，拥有丰富的历史文化与自然旅游资源。全州可供开发的旅游资源为7大类、33种、146处。其中自然景观56处，占整个旅游资源的38.3%，有国家4A级景区10处、3A级景区9处、2A级景区12处，境内有尕海、则岔两个国家级自然保护区和莲花山、冶力关两个国家森林公园，以及桑科草原、黄河首曲、大峪沟等几十处优美的自然景区；有全国文物保护单位的夏河拉卜楞寺、卓尼禅定寺和碌曲郎木寺等121座藏传佛教寺院；有红军长征经过的天险腊子口、俄界会议遗址等十多处革命历史遗迹。甘南有香浪节、晒佛节、采花节、花儿会等几十种民俗节庆活动，被誉为"中国的小西藏，甘肃的后花园"。这些资源种类全、品位高、存量大、特色浓，满足国内外不同层次游客的需求，并以原始性、多样性、神秘性著称，开发潜力巨大。

甘南州成立以来，在党中央、国务院的亲切关怀下，在甘肃省委、省政府的坚强领导下，在党的民族政策光辉照耀下，历届州委、州政府敢为人先、担当作为，带领全州各族人民直面困难、奋力前行。伴随着共和国前进的脚步，甘南州与祖国同行，实现了经济社会发展的历史性跨越，甘南地区经济社会面貌发生了翻天覆地的变化。

特别是党的十八大以来，在以习近平同志为核心的党中央的英明领导下，全州上下坚持以习近平新时代中国特色社会主义思想为指导，统筹推进"五位一体"总体布局，协调推进"四个全面"战略布局，全面贯彻党的治藏方略和新发展理念，认真贯彻落实习近平总书记视察甘肃时的重要讲话和指示精神，大力实施生态立州、文化撑州、旅游兴州、产业富州、稳定安州战略，着力打造团结进步的政治生态、和谐稳定的社会生态、朝气蓬勃的经济生态、光辉灿烂的人文生态、绚丽多彩的自然生态，扎实推动党中央、国务院和甘肃省委、省政府各项决策部署落地生根、各项事业蒸蒸日上，推动经济社会发展取得历史性成就。

经济发展从百废待兴到多业并举。建州前，甘南基本是单一的自给自足的农牧业经济，工业是空白，经济基础非常薄弱。经过60年的发展，经济从单一结构向一、二、三产业融合发展转变，经济实力实现质的飞跃。2019年，全州地区生产总值218.33亿元，是1949年的727.7倍，大口径财政收入19.18亿元，是1953年的5812倍。党的十八大以来，甘南州立足经济高质量发展，紧紧围绕培育生态产业、发展生态经济、建设生态文明、实现绿色崛起目标，在发展现代农牧业和文化旅游业两大首位产业上聚焦发力，着力促进产业结构转型升级，三次产业结构从建州初的95.7∶2.5∶1.8优化为2019年的19.11∶15.21∶65.68，第三产业已成为拉动经济增长的主引擎。持续深入推进开放开发，全面营造良好的营商环境，加大招商引资力度，近20年来共签约合同项目714个，总投资379亿元。大力推进乡村旅游

洮河帐篷城

"个十百千万"工程,成功举办"一会一节"开幕式,"九色香巴拉"品牌享誉国内外,甘南州荣获2019亚洲旅游"红珊瑚"奖和"十大最受欢迎文旅目的地"称号,文化旅游业实现井喷式发展,2019年接待游客1447万人次,旅游综合收入74亿元。

基础设施从一穷二白到日新月异。中华人民共和国成立前,甘南交通闭塞,城乡基础设施非常落后。建州以来,实施了一大批管全局、利长远、惠民生的好项目,基础设施日臻完善,2019年全州固定资产投资达到171亿元,是1953年的28.5万倍。交通建设突飞猛进,夏河机场通航,临合高速通车,县县通二级公

路、所有乡镇和建制村通硬化路，西成、兰合铁路有望开工建设。安全饮水、电力、通讯、市政、网络、天然气等基础设施项目实现全覆盖。以合作市和七县城为代表的一座座草原新城拔地而起，县市城区面积扩大到43平方公里，全州城镇化水平达到34.52%，城镇综合服务和辐射带动能力显著提高。

生态环境从恶化退化到有效治理。一段时间以来，由于气候变暖、草原超载放牧、森林过度采伐等原因，甘南生态环境日趋恶化，直接威胁到黄河长江流域生态安全。改革开放以来，甘南州不断加大生态环境治理保护力度，组织实施了

高速公路

五彩卓尼

《甘肃甘南黄河重要水源补给生态功能区生态保护与建设规划（2006—2020年）》，总投资44.51亿元，1.45万户游牧民实现定居，治理鼠害草原1573.5万亩、流动沙丘3.55万亩、沙化草地10.69万亩、退化草原116万亩，核减超载牲畜92.4万个羊单位，125平方公里小流域得到治理。持续实施天然林保护、退耕还林、封山育林、植树造林、退牧还草、湿地保护等工程，生态环境得到修复，绿色植被覆盖率达到95%以上。实施了一批大气、水体、土壤污染防治项目，空气质量优良天数保持在甘肃省前列，饮用水水源水质全部达到优良。甘南州与中国生态学学会共同在腊子口发布了《绿色长征宣言》，启动了"绿色长征"活动，连续10年举办中国生态文明腊子口论坛，并针对不同群体编写藏汉双语生态文明教育读本，生态文明、绿色发展理念深入人心。委托中科院编制了《甘南藏族自治州生态文明建设规划》和《绿色现代化先行示范区规划》，开展全州自然资源资产评估，编制玛曲县自然资源资产负债表，在绿色发展和生态文明建设方面的一系列创新性工作走在了全国前列。

社会事业实现了全面进步。中华人民共和国成立前，甘南州社会发展程度低，

洮州民俗文化节

教育、医疗、文化、科技等各项社会事业十分落后，建州初全州人口文盲率高达95%。70多年来，党和政府大办各类教育。截至2019年，全州共有各级各类学校（园）806所，其中，幼儿园376所，小学379所，普通中学44所，职中3所，中专3所，特殊教育学校1所，在校学生达14.1万人，全面实现了"两基"目标，九年义务教育巩固率达到96.4%。

围绕提高全民健康水平，健全了医疗、预防、保健体系，全州共有各级各类医疗卫生机构886个。其中，医院35个，基层医疗卫生机构818个，专业公共卫生机构32个，其他卫生机构1个。各级各类医疗卫生机构实有床位3473张，有效缓解了看病难的问题。全州人均寿命由1949年的34岁提升到2018年的66岁。甘南大剧院、州体育场、州图书馆等一大批文体重大工程建成使用，"三馆一站"、农牧村综合性文化服务中心、广播电视等公共文化服务设施实现全覆盖。建设保障性住房13.37万套，改造农牧村危房9.98万户，农牧村和城镇居民人均居住面积分别达到28.5、34.6平方米。

人民生活从积贫积弱到富足富裕。建州初期，全州农村居民可支配收入只有20元。一直以来，甘南州围绕就业、社会保障、上学、看病、住房、行路、用电、饮水等，着力解决群众最关心最直接最现实的利益问题，人民群众不断得到更多实惠。2019年，全州农村居民人均可支配收入达到8437元，是1949年的496倍；城镇居民人均可支配收入达到26592元，是2004年的5.6倍。居民消费水平、消费结构和消费环境发生了明显变化，人民生活水平实现了由贫穷到温饱和稳步迈入小康的历史性跨越。

民族团结已深深融入甘南州各民族的血脉。甘南州坚持把开展民族团结进步宣传教育作为基础性、先导性工作，全面贯彻党的民族政策，不断铸牢中华民族共同体意识，坚持不懈开展民族团结进步宣传教育。2017年12月成功创建全国民族团结进步示范州，平等团结互助和谐的社会主义民族关系不断得到巩固和发展。

多年来，甘南州采取政策解读、理论阐释、座谈研讨、典型示范、演讲比赛、媒体宣传等灵活多样的形式，以丰富生动的内容、贴近群众的方法，使宣传教育工作取得实效。通过强有力的宣传教育，甘南各族群众共同学习、共同生活、共同工作，融合在一起，形成了爱护民族团结、争做民族团结模范的浓厚氛围，涌现出了一大批敬业奉献、孝老爱亲、见义勇为、助人为乐、诚实守信的先进典范。生活在甘南大地的各族群众深切体会到："民族团结犹如茶和盐巴，各族人民相亲相爱，生活祥和、幸福。"

2019年11月，在举国上下隆重庆祝中华人民共和国成立70周年的重要时刻，由国家民委主办，甘肃省民宗委、甘南藏族自治州人民政府、民族文化宫承办的"九色甘南 相约北京·向伟大祖国献礼——甘南藏族自治州成就展"在北京民族文化宫成功举办。展览全面展示了新中国成立70年来特别是党的十八大以来自治州取得的巨大成就，引起了强烈的社会反响。

奋进历程篇

1953年10月甘南藏族自治区在夏河拉卜楞成立，1955年7月1日改为甘南藏族自治州，州府设在合作市。建州60多年来，在中国共产党的坚强领导下，全州各族干部群众艰苦创业、不懈奋斗，甘南大地发生了翻天覆地的变化，书写了从黑暗走向光明、从落后走向进步、从封闭走向开放的光辉历程。

一、民主政治

中华人民共和国成立后，在党中央和甘肃省委、中共甘南藏区工委的领导下，甘南各族各阶层人士逐步结成了广泛的人民民主统一战线。按照《中国人民政治协商会议共同纲领》的规定，于1952年12月25日、1953年9月25日先后两次召开了甘南藏区各族各界代表协商会议（州政协的前身），正式宣布成立甘南藏族自治区人民政府等重要事项。从此，甘南各族人民成了国家的主人。党和人民政府坚定地依靠藏族等各民族群众，广泛地团结民族宗教中上层人士，剿灭了国民党残余匪特，建立了人民政权；坚持执行民族平等团结政策，大力培养民族干部，实行民族区域自治，揭开了甘南地区民族关系史上的新篇章，甘南地区的面貌发生了翻天覆地的变化。

1955年6月，甘南藏族自治州第一届人民代表大会第一次会议召开，翻开了自治州民族区域自治的崭新篇章。历届自治州人大忠实履行宪法和法律赋予的各项职权，统筹开展立法、监督、决定等各项工作，不断完善同民族区域自治法相配套的地方法规体系，先后制定了自治条例、单行条例和地方性法规25部。人民代表依法履职，在推动经济社会发展、基层民主法治建设中发挥重要作用。

长期以来，政协不断完善组织建设，认真履行政治协商、民主监督、参政议政职能，汇聚力量、建言献策，服务地方中心工作与民生热点，维护社会和谐稳定，为甘南经济社会发展做出了贡献。

1955年,甘南州首届人民代表大会在夏河召开

1980年4月,在中国人民政治协商会议甘南藏族自治州第六届人民委员会第一次会议期间自治州政协委员讨论常务会工作报告

1979年5月,政协甘南州第六届委员会第一次会议全体委员合影

2015年2月2日，甘南州在西北地区率先颁发首张"三证合一"营业执照

二、改革开放

党的十一届三中全会以来，甘南州坚持深化改革、扩大开放，积极解放思想、更新观念，有效激发动力活力，国民经济突破封闭、僵化、单一的发展模式。在不断完善农牧村各项经济政策，推进农牧村经济全面发展的同时，自治州历届州委、州政府认真总结实践经验，不断深化对州情的认识，及时完善工作思路，确定了甘南小康建设"三步走"（即新世纪的头五年，基本解决温饱，后五年达到稳定解决温饱，后十年全州总体实现小康）的宏伟目标和"1422253"发展战略，即围绕一个中心（小康建设），实现四大战略（工业强州、科教兴州、开放带动、项目拉动），实现两个跨越式发展（旅游和水电资源开发）、两个加速发展（矿产资源开发和农畜产品加工）、两个稳步发展（农牧业产业化和藏医药及山野珍品开发），搞好五大建设（基础设施建设、生态环境建设、城市〈镇〉建设、社会保障体系建设和非公有制经济建设），把甘南州建成甘肃重要的三个基地（畜产品生产加工基地、能源工业基地、特色旅游基地）。

2019年临潭县金粒种植农民专业合作社带动贫困户入股分红仪式

林改办人员宣传林权改革政策

集体林权制度改革工作取得重大进展，主体改革任务全面完成。图为牧民拿到属于自己的林权证

合作市门浪滩循环经济产业园区全景

为了落实这一发展思路,甘南州制定了关于旅游经济和水电业实现跨越式发展,实施农牧互补战略,加快畜牧业产业化发展,加快工业发展,大力发展乡镇企业和非公有制经济,推进牧民定居点建设等一系列政策措施,确立了推动甘南整体追赶局部跨越的重点产业,明确了奋斗目标和重点任务,促进了全州经济的健康持续发展和各项社会事业的全面进步,甘南州走上了生机勃勃、活力四射的健康发展轨迹。

(一)深化改革

2012年,甘南州州委办、政府办联合印发《关于印发全面推进全州集体林权制度综合配套改革实施意见的通知》,全面推进集体林权制度配套改革。通过草场承包及林权制度改革、农牧村综合改革、"三变"改革,激发了农牧区发展活力;通过国企改革、财税改革、商事制度改革、设立产业园区,解除了工商企业发展束缚;通过医疗体制改革、社会保险制度改革、放管服改革,打通了服务群众的"最后一公里"。

快捷高效的办理窗口

　　社会保障制度逐步完善。社会保险覆盖面不断扩大,城乡居民基本养老保险制度实现全覆盖,城乡居民基础养老金、城乡低保和医保财政补助标准持续提高,养老服务体系初步形成,社会救助、社会福利、优抚安置等工作有效开展。据甘南州2019年8月发布的数据显示:截至2018年末,全州城镇五项社会保险参保人数25.25万人,其中企业职工基本养老保险参保2.18万人,城镇职工基本医疗保险参保8.08万人,失业保险参保3.82万人,工伤保险参保5.36万人,生育保险参保5.81万人。城乡居民基本医疗保险参保人数60.9万人,养老保险应参保38.71万人,已参保38.40万人,参保率99.2%,续保率100%。全年为2.55万城市低保对象发放低保金10515万元,为11.9万农村低保对象发放低保金16540万元,为3409名农牧村特困供养人员发放供养金1420万元,为1636名抚恤优待对象发放抚恤金1050万元,为10316名困难残疾人发放生活补贴1118万元,为2691名重度残疾人发放护理补贴522万元,为2712名困难老人发放护理补贴350万元,为436名孤儿发放基本生活费379万元。

城乡居民医保、大病保险、医疗救助出院一站式结算

公积金综合业务窗口业务办理现场

2019年7月30日,第四届丝绸之路(敦煌)国际文化博览会开幕式在甘南州合作市会展中心举行

(二)扩大对外开放

甘南州坚持走出去和请进来相结合,借助津洽会、西博会、丝绸之路(敦煌)国际文博会、兰洽会、药博会等节会平台,积极开展招商引资,加强与"一带一路"沿线国家交流合作。深化与天津市、周边地区、友好城市和驻外商会的友好交流、战略合作,引进战略合作者和优质资本、资源入驻甘南,参与开放开发,提高经济外向度。不断扩大对外贸易规模,干酪素系列产品、粮油、医药、土特产等几十个类别产品出口创汇。派出多批次文化团体赴国外开展国际交流,展示甘南文化的独特魅力,增强甘南的国际影响力和知名度。

2019年5月，甘南州企业与尼泊尔企业文化经贸合作协议签约仪式在加德满都举行

甘南州文化旅游推介代表团赴尼泊尔宣传

甘南州组团参加中国兰州投资贸易洽谈会

2016年2月，甘南州代表团赴丹麦进行文化旅游推介

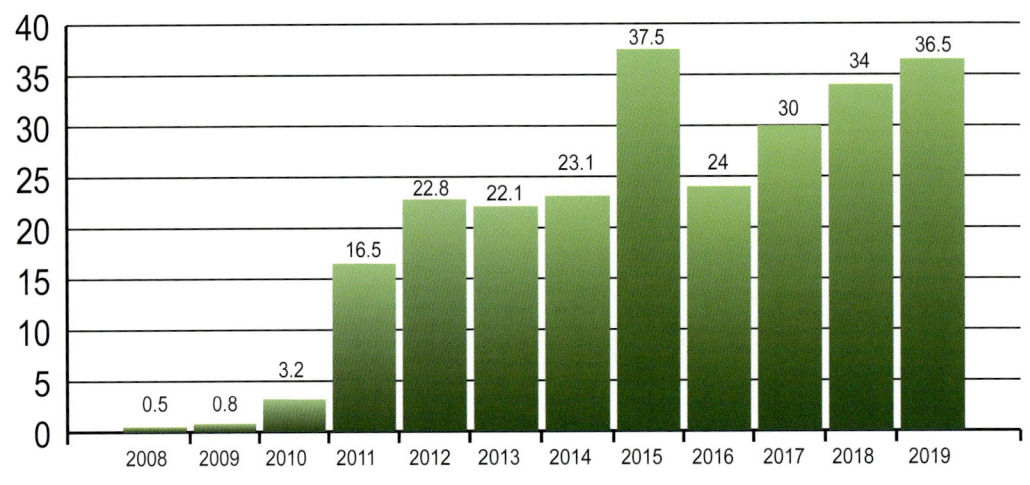

中央财政向甘南州财政转移支付资金情况统计表（单位：亿元）

三、砥砺奋进

经过 60 多年的建设发展，甘南州经济总量不断跨越，人均生产总值持续攀升，财政收入快速增长，综合实力显著增强。特别是党的十八大以来，通过供给侧结构性改革等一系列改革措施，全州经济进入新常态，迈向高质量发展新阶段。

中央第五次西藏工作座谈会强调，中央要加大政策支持力度，推动四川、云南、甘肃、青海四省藏区发展迈出新步伐。中央第六次西藏工作座谈会强调，统筹推进西藏和四省藏区协调发展，要进一步突出重点，切实解决制约西藏和四省藏区发展的重点难点问题。

2008 年以来，党中央、国务院密集出台了一系列支持四省藏区经济社会发展的政策文件，突出保障和改善民生、基础设施建设、产业优化升级、生态环境保护、基层政权和社会管理能力建设等五大领域，大幅增加中央预算内涉藏工作专项资金投入。截至 2019 年，国家共安排甘南州专项资金 251 亿元。

建设成就篇

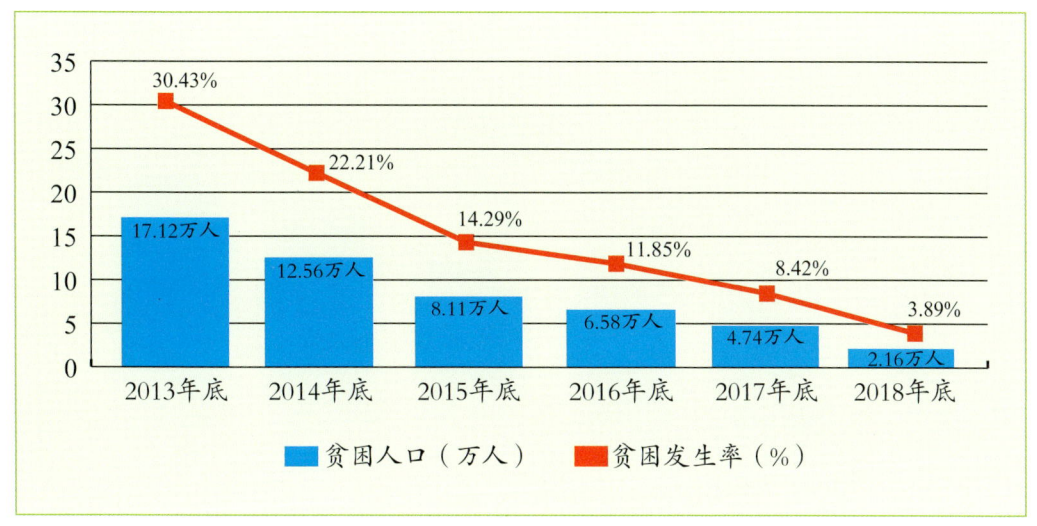

甘南州贫困人口变化情况

一、经济建设

"七十年沧桑巨变，七十年星移斗转。"自1953年10月1日甘南藏族自治州成立以来，全州各族人民在中国共产党的正确领导下，自力更生、艰苦奋斗，积极投身民主改革和社会主义现代化建设事业，人民生活和各项事业发生了翻天覆地的变化。特别是党的十一届三中全会以来，全州经济发展水平显著提升，城乡面貌发生巨大变化，社会事业全面进步，人民生活实现由基本温饱向总体小康和全面建成小康的历史性跨越，谱写出辉煌壮丽的时代篇章。

（一）打好脱贫攻坚战

为深入贯彻落实党的十九大精神，全面落实习近平总书记关于脱贫攻坚的一系列重要指示和讲话精神，甘南州委、州政府以落实扶贫对象、目标、内容、方式、考评、保障"六个精准"为抓手，坚决打赢脱贫攻坚战，全州贫困人口逐年减少，贫困发生率降低，贫困人口人均可支配收入大幅度增加。围绕"两不愁三保障"，整合各类资金48.2亿元，实施"两州一县"脱贫攻坚方案，推动实施"十大脱贫工程"，2019年共退出贫困村107个，减少贫困人口1.88万人，贫困发生率下降到0.5%，临潭、舟曲两县脱贫摘帽通过省级验收，全州提前一年实现整体脱贫目标。

改建前后的村庄主干道

改造前后的村级水渠

1. 坚持基础先行，补齐短板换新颜

甘南州坚持把基础设施建设放在优先地位，着力破解贫困村和贫困户面临的水、电、路、房等问题，有效改善了贫困群众生产生活条件。农牧村饮水安全率达到 100%，大电网延伸范围内的建制村动力电实现全覆盖，所有乡镇和建制村通硬化路，完成危房改造 10 万户，全面消除农牧村 C、D 级危房。

改造前后牧区贫困户藏式房屋

改造前后的农村和村道

新建的乡村文化广场

生态文明示范村全景

藏乡儿女喝上了甘甜的自来水

生态文明小康村

电商消费扶贫分红仪式

星级农家乐打造乡村旅游新模式

高山光伏扶贫项目成效显著

农牧民技能培训

2. 发展富民产业,激发内力拔穷根

2012年以来,甘南州累计投入中央和省级财政扶贫专项资金48.2亿多元,整合各类涉农资金近80亿元,大力发展农牧产业、乡村旅游、劳务输转、电商扶贫、光伏扶贫等多元富民产业,多渠道、广领域促进农牧民群众增收,全州贫困村实现合作社和集体经济全覆盖,3.39万户、13.36万贫困人口通过参股经营获得稳定分红。

扶贫车间加工生产民贸用品

烹饪技能培训教学

贫困户大棚蔬菜种植

山野珍品特产深加工

特色养殖产业

扶贫车间加工生产双龙铜器

尕秀村新貌

碌曲县易地扶贫搬迁安置点

3. 推进易地搬迁，稳定脱贫挪穷窝

甘南州坚持"政府主导、群众自愿、统筹规划、合理布局、先易后难、有序推进"的原则，对高海拔山区、生态脆弱区就地脱贫难度大、成本高的贫困群众实施易地扶贫搬迁。"十三五"期间，搬迁群众0.79万户3.7万人，精心组织住房建设，同步推进基础设施、公共服务设施、后续产业发展等配套工作，建成集中安置点124个，确保"搬得出、稳得住、能致富"。

夏河县桑科镇易地搬迁安置点

舟曲县易地扶贫搬迁安置点

卓尼县易地扶贫搬迁安置点

临潭治力关易地搬迁项目

中组部舟曲扶贫工作组协调投资援建的舟曲县职业中等专业学校

4. 集聚各方力量,携手联动摘穷帽

中组部履行中央部门定点帮扶职责,协调落实各类帮扶资金3.14亿元帮扶舟曲县灾后重建,有力支持了"扶贫开发与防灾减灾"、舟曲县职业技术学校建设等重点扶贫工程,为舟曲县2019年实现整县脱贫摘帽目标注入强大动力。

从2012年开始,天津市全面落实党中央关于东西部扶贫协作的决策部署,将帮扶甘肃的重点放在甘南州,健全完善津甘领导互访机制、资金增长机制、区县结对帮扶机制、互派挂职干部机制,鼎力相助、倾情投入,在产业开发、健康医疗、劳务培训、基础设施等方面帮扶项目172个,累计落实资金8.7亿元,受益群众达8750户3.5万人。

天津援建的临潭李岗村

天津市东丽区投入东西部扶贫协作资金549.5万元援建的冶力关景区医院

天津对口支援六百余万的尕秀村

天津帮扶资金建设的生态文明小康村——东山镇谢家村新貌

天津市和平区为舟曲县花蜜业建设扶贫车间

天津市教师与玛曲县学生交流

位于天津市河西区的甘南农畜特产品体验馆

天津南开大学附中夏河班研学活动

2018年12月,甘肃省佛学院等机构开展帮扶贫困户捐资活动

  2010年甘肃省委、省政府建立省内7市9企对口帮扶甘南州七县一市工作机制,在项目建设、干部交流、人员培训、支教支医、科技援助等多方面给予大力支援,形成全方位、多层次、宽领域的援藏工作格局,累计投入帮扶资金10.93亿元,为全州经济社会发展提供了有力支持。

（二）发展特色产业

1. 现代农牧业高质量发展

中华人民共和国成立70多年来，甘南州各级党委、政府始终把"三农"问题放在国民经济的重要地位，坚持以改革为动力，立足科学发展，以科技兴农为突破口，改造落后的农业经营方式。通过加大农业基础设施建设，积极推行家庭联产承包责任制，牲畜、草场到户经营责任制，集体林权改革责任制，认真落实各项强农惠农政策，深入实施"农牧互补""1236"扶贫攻坚和"精准扶贫精准脱贫""现代农牧业发展计划"等一系列战略措施，坚持以农业供给侧结构性改革为主线，扎实推进乡村振兴战略，使甘南农业在自然条件严酷、自然灾害频繁、基础条件薄弱等不利因素的影响下，始终保持了持续稳定发展的好势头，农、林、牧业得到全面发展，结构得到不断优化，传统农业向现代农业加速转变，为保持经济的平稳较快增长和农牧村社会和谐稳定奠定了坚实的基础，农业农村发展取得了历史性成就。

粮食综合生产能力增强。粮食产量连跨新台阶，确保了全州人民的粮食安全。党的十八大以来，甘南州持续加大投入支持力度，不断改革完善强农惠农富农政策体系，粮食综合生产能力在前期连续多年增产的情况下，再上新台阶，取得新突破。2019年，甘南州粮食总产量10.51万吨，是1949年的10.6倍。

种植结构不断优化，经济作物产量快速增长。随着市场经济的深入发展，种植结构不断优化，经济作物种植面积逐年增加，产量快速增长。2019年甘南州油料产量为2.18万吨，是1949年的22倍；藏中药材产量5.46万吨，是1949年的6134倍。水果产量2018年为1.03万吨，是1953年的27.4倍，是1978年的14.3倍。蔬菜产量2019年为2.05万吨，比2003年增长72.2%。此外，以当归、柴胡、黄芪、党参等传统大宗药材为主的藏中药材标准化种植示范基地已建立运营，洁白丸、二十五味珍珠丸等具有甘南特色的藏药进入国内主流医疗市场，实现了种植、加工、研发和销售的全产业链发展。

林业产业已由过去单一的生态型发展成为如今的生态经济型。州委、州人民政府认真贯彻落实习近平总书记"绿水青山就是金山银山"的指示精神，坚持绿色发展，坚持人与自然和谐共生，林业生态建设进入新的历史阶段，取得了丰硕成果。2018年全州造林面积达到12.64万亩，比1953年的0.24万亩增加12.4万亩，增长31.6倍，比1978年的0.57万亩增加12.07万亩，增长21.2倍。

畜产品快速发展，满足了人们日益增长的消费需求。甘南藏族自治州加快发展牦牛、藏羊、奶牛繁育、育肥、特色养殖"五大畜牧业产业带"，培育了燎原、华羚、雪顿、安多等一批畜产品加工龙头企业，"中国牦牛乳都"称号享誉全国，甘南牦牛奶粉获批国家地理标志保护产品。2019年甘南州肉类总产量达到9.6万吨，比1949年的0.07万吨增加9.53万吨，增长136.14倍；各类牲畜年末存栏364.71万头，与1949年、1953年、1978年相比分别增加252万头、214.3万头、119.3万头。农畜产品的大幅增加，极大地丰富了产品市场，满足了城乡居民日益增长的物质生活需要。

2019年，甘南州农用机械总动力40.28万千瓦，是1978年的5.8倍。农用拖拉机9514台，是1978年的9倍多。农业灌溉面积20.25万亩，耕地灌溉面积9.27万亩。园地灌溉面积0.12万亩，牧草地灌溉面积10.86万亩。蔬菜产量2.05万吨，比2018年增长10.1%。

城乡居民收入显著提高。甘南州主要农产品的大幅增长繁荣了城乡市场，丰富了居民的"米袋子""菜篮子"，提高了农民的经济收入，为经济快速增长做出了积极贡献。2019年，全州农村居民人均可支配收入达到8437元，是1949年的496倍；城镇居民人均可支配收入达到26592元，是2004年的5.6倍。城乡居民收入的提高，使消费水平、消费结构和消费环境发生了明显变化，人民生活向小康水平稳步迈进。

农业蔬菜种植大棚

新品种青稞繁育基地

牦牛产业持续发展

草地藏羊

蕨麻猪，又称"山猪"，是小型原始地方猪种，由野猪驯化而来。蕨麻猪主要放养在海拔略低的草原和河谷地带的农区或半农半牧区，具体分布在甘肃省碌曲县的西仓、双岔、阿拉及岷县闾井镇

甘南牦牛是高寒草原上繁育的地方类群。由于在当地长期自群繁育，其外貌特征和生产性能基本一致。成年牦牛平均体高为公牛126.58厘米，母牛107.56厘米。母牛泌乳期170天左右，日均产奶1.79千克。甘南牦牛主要分布在海拔2800米以上的玛曲、碌曲、夏河三县的纯牧业乡及合作、卓尼、迭部、临潭等县（市）的部分纯牧业乡。甘南州现有牦牛90万头，占全省牦牛总数的80%以上

燎原乳业集团无菌化乳粉包装车间

土特产花椒包装

机械化养鸡厂

现代化牦牛乳生产基地

九甸峡网箱养殖基地

甘南燎原乳业工业厂房

物流邮件分拣车间

牛羊肉深加工

牛羊肉冷链厂

临潭电商土特产进入天津市

县级农村物流信息公共服务中心

乡村级物流配送车辆发放点

运输服务助力甘南特色产品发展

国家地理标志产品——甘南牦牛奶粉

绿色食品

夏河县电子商务公共服务中心

大黄种植基地

2. 发展中藏医药产业

甘南境内平均海拔3000米，具备得天独厚的藏药材生长的自然气候条件，为全省重要的藏药材生产区。藏药材种质资源品种多、分布范围广，目前已考证整理出的药用野生种质资源种类850余种。从经济、社会和生态效益看，出产的脉花党参、粗茎秦艽、独一味、大黄、丹参、红芪、黄芪、藏木香、柴胡、翼首草等藏药材，不仅州内佛阁藏药有限公司等制药企业的需求量大，而且在国内外藏药材原料市场也很受青睐。随着生活水平的不断提高，人们对身体健康及延年益寿的高度重视，以藏药材为重要成分的营养品和滋补品广受青睐，原材料供给日趋紧张，市场价格节节攀升。从起步基础看，群众种植藏药材的积极性高，发展势头好，已涌现出了如卓尼柏林、纳浪乡等一批藏药材生产的专业乡、具有一定规模的生产基地，药农因此致富。2017年，甘南州出台了中藏药发展实施方案，2020年中藏药种植面积达到了35万亩，总产量6.5万吨，同时，在野生藏药材人

佰草生物药材种植基地

工驯化方面已经做了很多工作，具备一定的技术条件。

甘南州利用当地藏医药材资源由来已久，1784年，拉卜楞寺第二世嘉木样仿照拉萨药王山利众医学院，创建了拉卜楞寺曼巴扎仓（医学院），开创了甘南地区藏医药事业的先河。拉卜楞寺曼巴扎仓是培养藏医药人员和研究藏医药的专门机构，也是藏成药较集中的生产点。中华人民共和国成立后，党和国家派来了大批医务工作者，建立了州、县、乡三级医疗机构，专门从事中草药研制。1971年1月，甘南州制药厂建成，开始手工制作十几种中成药。20世纪70年代末，州制药厂的药品向多品种、高质量、多剂型发展，成为初具规模的生产中成药的医药工业厂家。20世纪80年代末期，甘南州制药厂生产的定型药品已达36个品种，其中藏成药"洁白丸"荣获国家经济委员会颁发的优秀产品"金龙奖"。1988年，"洁白丸"荣获《健康报》药品大赛"健康银杯奖"。

当归种植基地

道地药材——唐古特大黄

唐古特大黄采挖

初加工的唐古特大黄

回转式枕包机

铝塑包装机

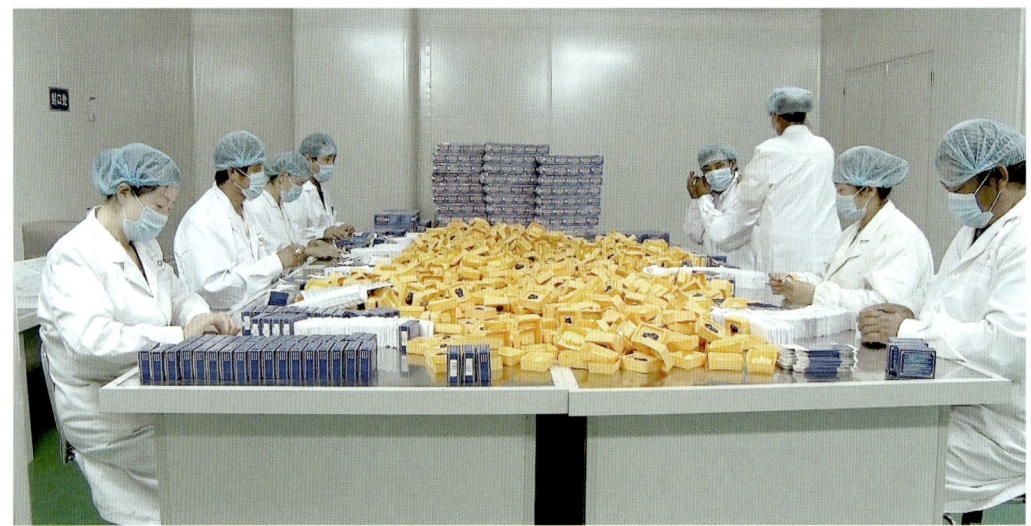
藏药制剂室包装车间

藏药厂生产车间

藏药产品

葡萄种植

3.做强做优农村生态产业

按照"一村一品""龙头企业+农户+基地+合作组织"的模式,甘南州发展特色种植养殖、乡村旅游、乡村物流、劳务输转等生态产业。

大棚种植

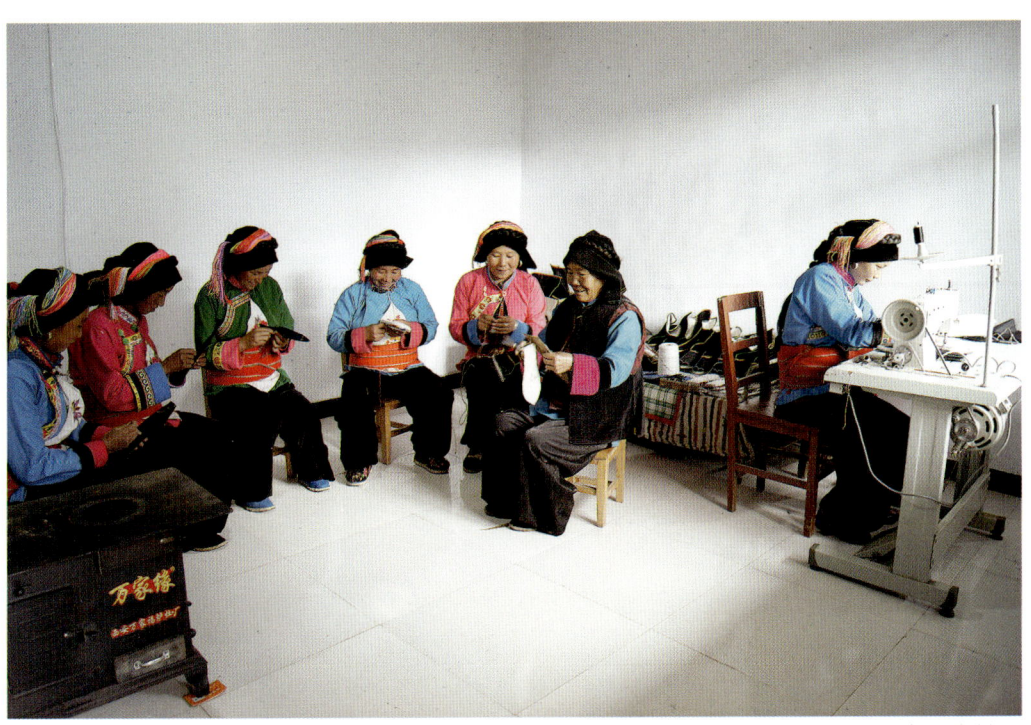

手工艺制作

临合高速夏河王格尔塘立交桥

(三) 加快推进基础设施建设

1. 交通运输

中华人民共和国成立后,党和人民政府把修筑公路、发展交通事业提到了重要的议事日程。1951—1952年,中国人民解放军在不到一年的时间里,就修通了由土门关到夏河,由夏河到尕海滩的简易公路。为了尽快改变甘南交通闭塞的局面,1953年,国家拨出巨款,投入大量的人力和物力,解放军和筑路工人战胜了一个又一个艰难险阻,终于修通了兰郎公路和岷夏(岷县—夏河)公路。兰郎公路甘南境内长253.5千米,是新中国成立后甘南修建的第一条干线公路。该路所经甘南路段地质构造复杂，多处地段在海拔3000米以上，沿途人烟稀少，空气稀薄，气候变化无常。此后，又修通了卓尼到电尕寺的公路109千米。这几条公路的通车，把雪山草原同祖国各地连接在一起。后岷夏公路经过重新整修，在夹尕滩同兰郎公路相接，全长274千米。20世纪70年代初，岷县到代古寺的公路修成通车，使举世闻名的天险腊子口以及当年红军走过的深山峡谷变成了坦荡通途，迭部沟的原始森林得以开发和利用，优质木料源源外运，支援祖国的现代化建设。

在国家大力发展公路干线修建的同时，甘南各族人民从1953年开始，根据"自力更生、民办公助"的方针，大力发展地方公路。据2009年出版的《甘南藏族自治州概况》统计，到1984年，全州地方公路已达2000余千米，当时，全州108个乡镇，有104个通汽车，有61个乡通客车，公路通车里程由中华人民共和国成立前的75千米增加到2896千米，增长37倍多。

1985年以来，随着对外开放、对内搞活政策的实施和商品经济的发展，公路交通被放到了"先行官"的位置，公路建设由普及向提高发展，由数量向质量发展，改造和修建了一些"经济路""富民路"。同时，依靠各级人民政府和各族人民群众办交通，采取"民工建勤""以工代赈"等多种方式，加快公路建设的步伐。到1995年底，全州公路通车里程达到2870.33千米，其中二级公路76千米、三级公路318.42千米、四级公路456.28千米、等外公路2019.63千米。公路密度每百平方公里达到6.4千米。

进入21世纪，随着国家经济战略重点向西部转移，对边远少数民族地区的交通基础设施投资不断加大，以工代赈项目投资增多，给甘南州公路交通事业发展带来了难得的机遇。甘南州顺应社会主义市场经济发展的需求，量力而行，突出重点，注重实效，协调发展，抓公路、兴运输、活流通，"建好动脉路，接通开放路，开辟经济路，兼顾扶贫路"，实现内活外通，基本实现了"货畅其流，人便于行"的发展目标。共争取以工代赈、养路费以及藏区补助款投资10734.4万元，改建省养干线公路132.28千米，新铺油路80千米，重铺油路111千米。新建江迭（江果河—迭部）公路、博铁（博峪—铁坝）公路、江南（江盘—南峪）公路、贡则（贡去乎—则岔）公路、牙常（牙扎坎—常爷池）公路、达红（达久滩—红科）公路共6条县乡公路232.24千米；改建夏阿（夏河—阿木去乎）公路、博碌（博拉—碌曲）公路、洛久（洛尔龙—久治）公路、岷麻（岷县—麻路）公路等9条县乡公路492.62千米；新改建永久性桥梁101座2597.9米；新建涵洞366道3542.78米，人行吊桥12座874.40米；县乡公路铺筑油路17.22千米。1998—2005年的8年间，甘南州的公路建设投资规模累计达到15.2亿元，投资规模由1997年的2703.8万元增加到2002年的39160.1万元，增长了13倍多，年均增长62.29%，先后有一批重点公路建设项目开工，农村公路建设也有了较快发展。全州各族群众期盼已久的一批扶贫路、经济动脉路、旅游公路等重点公路项目相继开工。先后开工建设的三级以上公路有9条857.117千米，江迭公路、卓西（卓尼—西寨）公路油路已全线贯通，完成铺油44.422千米，碌则（碌曲—则岔）公路完成铺油35千米，桑达（桑科—达久滩）公路完成铺油50千米。

农村公路建设有了较快发展。新改建一批与农牧村群众脱贫致富有直接关系的乡村公路，新建了达红公路、江南公路、牙常公路等6条公路156.6千米，完成了两峡（两河口—峡子梁）、敏长（敏家嘴—长川）、柏藏（柏林—藏巴哇）、阿桑（阿木去乎—桑科）、合扎（合作—扎油）、桑坝（桑坝桥—桑坝乡）6条125.76千米通乡公路建设任务，其中仅2002年农村公路就完成投资280万元，铺筑农村公路油路7千米。

随着道路状况的改善和提高，交通基础设施建设也有了较快发展。截至2018年末，甘南州公路通车里程达到7576千米，是1949年的10.4倍，是1953年的7.7倍，是1978年的3倍，其中国道通车里程达到1123千米，是1953年的4.4倍，是1978年的4.7倍。公路密度由1978年的5.5千米/百平方公里发展到2018年的16.8千米/百平方公里，甘南州基本形成以州府合作为中心，以"三纵三横"为主骨架，以县乡公路为支干的公路网络。高速公路从无到有，2012年开工建设的兰郎高速公路临夏至合作段建成后，彻底结束了甘南没有高速公路的历史，截至2018年末，甘南州境内高速公路68千米，夏河县桑科至王格尔塘高速公路已开工建设。西成、兰合铁路年内开工建设，将彻底改变甘南不通铁路的历史。

国道213线合郎公路碌曲段

国道213线临夏至合作公路

忠克隧道建成后过往车辆不需再翻越海拔4000米的尕玛梁

夏同公路

山间公路

夏河机场航站楼

2013年7月18日，甘南夏河机场试飞成功

民航实现零突破。2010年9月7日，夏河机场在夏河县库塞塘村附近正式开工建设，2013年8月19日，甘肃省少数民族地区建设的第一座民航机场——甘南夏河机场正式建成通航。从此架起了甘南对外交流的"空中走廊"，开启了甘南的"民航时代"，预示着甘南将在未来的岁月里铸就更多辉煌。截至2018年末，夏河机场已开通西安、成都、拉萨、银川4条航线，完成旅客吞吐量12.2万人次，货邮吞吐量340多吨。蓝天映衬下的甘南大地，随着航班的频频起落，与世界又近了很多。

20世纪70年代末期合作镇全景

2. 城乡建设

甘南州抢抓西部大开发的历史机遇，充分利用国家政策扶持和重大工程项目建设的有利条件，加大城镇建设力度，各县市城区面貌发生了巨大变化，城镇基础设施不断完善，综合服务功能不断增强，人居环境逐步得到改善。

积极对接城乡建设投资政策，建成一大批城乡道路、桥梁、供热、供水、绿化及污水垃圾收处等基础设施，以合作市和7县城为代表的一座座草原新城拔地而起，全州城镇化水平达到34.52%，城镇综合服务和辐射带动能力显著提高。完成了郎木寺、扎古录、冶力关、新城、王格尔塘、大川、木耳等20个集镇的规划，完成了夏河桑科乡、玛曲阿万仓乡、碌曲玛艾牧民新村等23个乡村建设规划。与此同时，合作、玛曲等县市开展了城区部分街区的控制性详细规划的编制工作，为城镇管理提供了科学依据。

合作市全景

合作市自1998年建市以来，以加快小康社会建设为目标，紧紧抓住西部大开发和国家扶持少数民族地区发展的历史机遇，大力实施项目拉动、工业强市、科教兴市、开放带动、城乡统筹发展战略，加大基础设施建设、生态环境建设、城市建设与社区管理促进旅游、商贸、畜牧业、畜产品加工、藏药和矿产六大产业发展，逐步形成了独具特色的高原生态旅游商贸城。

合作市滨河路新颜

合作市城区亮化工程

1960年前的夏河县

夏河县城夜景

20世纪90年代的夏河县城一角

夏河县人民东街街景

碌曲县新貌

迭部县新貌

生态文明小康村

甘南州 330 千伏洛大变电站

3. 电　力

1954年，甘南州第一座小水电站在夏河县建成发电。1957年在夏河县境内建成一座200千瓦水电站，由此拉开了甘南小水电建设的帷幕。1984年第一条110千伏送电线路由临夏延伸至合作，结束了甘南长期孤网运行的历史。1998年至2019年，累计完成甘南电网投资35.79亿元。通过"户户通电""寺寺通电""无电地区"电网建设、动力电入户、"三区三州"脱贫攻坚电网建设，形成了以330千伏为骨干网架、110千伏为主网架、35千伏及以下为基础网架的坚强智能电网结构，州内大电网延伸范围内"户户通电"率达到100%，三相动力电100%入村，供电可靠率达到99.82%，综合电压合格率达到99.68%，户均配变容量2.35千伏安，用心服务用电客户22.29万户，实现了甘南藏区从"用上电"到"用好电"的转变，满足了人民群众日益多样的服务需求，有力推动了甘南生态文明小康村建设和藏区地方经济发展。

国家电网甘南供电公司调度控制中心

2009年4月，国家电网甘南供电公司升级改造夏河电网

合作市多合330千伏变电站

2016年3月，国家电网甘南供电公司进行春季电网检修

国家电网甘南供电公司检修人员对山区线路进行检修

4. 水 利

甘南州地处青藏高原东北边缘与黄土高原西部过渡地段，是黄河、长江的水源涵养区和补给区。这里看似水量丰沛，却存在工程型和水质型缺水情况，农村饮水安全问题十分突出，成为制约当地经济发展的"短板"。甘南州立足水利现状，坚持以发展民生水利为主线，以改善水利基础设施条件为重点，以防灾减灾为核心，以改革创新为动力，以强化管理为基础，以加大投入为保障，扎实推进甘南水利事业持续发展。

随着西部大开发进程的加快，甘南州陆续实施了引洮（博）济合、引洮入潭工程和黄河干流玛曲段防洪治理工程等多个重大水利工程。

引洮入潭工程建成运行。临潭县引洮入潭工程总投资为18358万元，2013年开始开工建设。在工程建设过程中，各参建单位及所有参建人员克服了征地困难、跨区域建设、工期紧、施工难度大等种种困难，经过全体参建单位及人员昼夜奋战，终于在2016年1月18日工程试通水成功，6月底工程建设全部完工，10月6日开始全面向临潭县城供水。该工程的建成，解决了临潭县城及周边人口6.43万人饮水安全问题，同时为临潭县城的经济社会发展各行业用水和计划在临潭县城安置定居的黄河源区农牧民群众生产生活用水提供可靠水源，对黄河水源补给区生态保护建设和改善城市环境具有重要的作用。

引洮（博）济合工程稳步推进。引洮济合供水工程隧洞累计掘进17394米，完成二次衬砌4650米。调蓄水库大坝已完成节制分水闸，完成237.2米的防渗墙。大坝坝基清基已完成，并通过验收。水厂主体工程已完成，正在进行设备安装；完成博拉河枢纽及压力管道进水闸1孔、泄冲闸4孔。截至目前，累计完成投资5.28亿元，完成率82.5%。工程全面建成后，可解决合作市市区及周边14.4万人和7.16万头（只）牲畜的饮水水源问题，同时对改善生态环境、促进区域经济等各项事业发展具有重要作用。

黄河甘肃段治理工程顺利完成建设任务。工程涉及齐哈玛乡、采日玛乡、曼日玛乡、河曲马场、欧拉乡、尼玛镇四乡一场一镇。该工程的实施从根本上遏止黄河上游生态恶化的趋势，使广大牧民群众期盼已久的草场塌岸得以彻底治理，对于缓解草畜矛盾，促进项目区畜牧业健康持续稳定发展，对于保持项目区牧村社会和谐稳定具有举足轻重的推动作用。

九甸峡水利枢纽工程

中小河流水利治理工程

改造后的村级引水渠

2003年牧民群众使用移动电话

5. 通　信

改革开放以来，甘南州通信建设工作紧跟发展潮流，立足实际，艰苦创业，大规模投资建设基础通信网络，相继建成了本地电话网、数字数据网、分组交换网、无线市话网、会议电视网、宽带业务网，一个遍布城乡、四通八达、水平先进的现代通信网络已经形成，技术层次和网络水平与全国通信行业保持同步更新，通信网络覆盖全州95%以上的乡镇和85%以上的行政村。

1997年10月24日，甘南州第一个国际互联网用户诞生——华羚干酪素厂开通互联网拨号业务。1999年，开通一线通互联网接入业务。2002年初，宽带互联网接入业务网络快车在合作开通，并逐步向各县延伸。宽带互联网接入业务网络快车和宽带通业务逐步成为上网的主流方式。自2002年后，拨号上网用户和一线通用户逐步减少，宽带业务得到快速发展。强大的通信网络支撑着各项通信业务不断推陈出新，服务网点遍布城乡街头、农贸集市。多样化的通信业务，强大的网络支撑和维护队伍，满足了广大用户全方位、多层次、综合化的通信需要。

党的十八大以后，甘南州积极主动融入信息化浪潮，全面启动"数字甘南""智慧甘南"建设，实现了乡乡通宽带、村村通电话、城镇4G网络全覆盖。2019年甘南州全年固话用户4.03万户，移动电话用户65.17万户，互联网用户16.15万户。

2019年7月,"和创5G,智绘甘南"5G发布会暨智慧城市战略合作协议签约仪式在合作市香巴拉文化广场举行

中国电信甘南州的电信主机房

华羚牦牛乳交易数据分析平台

甘南州云计算大数据中心

二、政治建设

中央第六次西藏工作座谈会以来,甘南州坚持以习近平新时代中国特色社会主义思想为指导,认真贯彻新时代党的组织路线,立足甘南实际,配班子、选干部、强基层、聚人才,全州组织工作取得了显著进步。

切实加强政治建设和能力建设。优化班子结构,增强整体功能,始终把政治标准作为选人用人的首要标准,全方位、多渠道了解干部,充分发挥干部考核的正向激励作用。健全完善干部选用分析研判、离任交接、调整预审等配套机制,实现全过程、全方位监督管理。2019年,全州干部选拔任用工作总体满意度在99%以上,整治用人不正之风工作满意度平均达98.8%。

加大年轻干部和女干部、少数民族干部、党外干部的培养选拔力度。大胆提拔使用,强化从严管理,大规模、精准化开展干部教育培训,拓展"不忘初心、牢记使命"主题教育成果,带动全州2996个基层党组织、6.6万名党员不断筑牢守初心、担使命的思想基础。依托"学习强国""陇原先锋讲堂"、甘肃党建、干部在线学习等,加强理论政策教育,参学党员干部4.3万人次。

深入推进各领域党支部建设标准化工作。选择确定150个样板党支部,对照标准重点打造提升,制定出台《甘南藏族自治州农牧村、社区党组织书记县级备案管理办法(试行)》等7个办法和党建预审工作制度,全力推动"四抓两整治"在各领域延伸拓展。全力推行村党组织书记专职化和书记主任"一肩挑",2019年招聘专职村党组织书记112名,完成"一肩挑"600个村,占比达90.6%。

建立15个特色产业人才实训基地。实施"藏区千名人才培养计划"和"万名实用技术人才培养工程",累计培养培训各级各类人才18430人,培训各类专业技术人才4600多人次。实施"双千双语"人才专项培训,培训基层年轻藏汉双语干部2981人。

启动医疗人才"组团式"援藏工作。9所省级医疗机构和驻甘部队医

"党建好声音"广播栏目传递党的声音

院先后选派95名医疗卫生专家、254名医务人员到甘南州开展援助。抢抓天津帮扶机遇，在南开大学培训党政干部、专技人员350人。实施"千名急需紧缺人才引进培养工程"，2015年以来，共引进水电、环保、城建、藏语、卫生等领域高学历急需紧缺人才137名。

（一）强化思想引领

甘南藏族自治州委和州政府始终把思想政治建设作为党的建设的根本，深入系统学习马列主义、毛泽东思想、邓小平理论、"三个代表"重要思想和科学发展观，深入贯彻落实习近平新时代中国特色社会主义思想，坚持用党的创新理论武装党员干部，在全州上下形成了坚定不移跟党走的浓厚氛围。

召开宣传思想工作会议

举办藏传佛教和谐寺庙主题宣讲会

马背上的"党建宣讲团"

中国特色社会主义理论体系进乡镇、入社区、进企业、入校园报告会

开展牧区集中党建宣讲活动

进乡村开展党建宣讲

组织开展村级主题党日活动

(二) 夯实执政根基

甘南藏族自治州委和州政府牢固树立抓基层的鲜明导向,从基本组织、基本队伍、基本制度抓起,切实把基层党组织建设成为听党话、跟党走,善团结、会发展,能致富、保稳定,不糊涂、起作用的坚强战斗堡垒,让党的旗帜在雪域高原高高飘扬。

马土山村党群服务中心外景

基层干部走进群众家中为他们解决生活困难

党课常态化

基层党组织在草原牧场举办流动讲堂

企业定期举办党员职工培训班

基层党员干部职工重温入党誓词

2019年9月,甘南州召开"不忘初心、牢记使命"主题教育动员部署会

召开述纪述廉述作风大会

(三)从严管党治党

甘南藏族自治州委和州政府坚持党要管党、全面从严治党,持之以恒正风肃纪,全面贯彻落实中央八项规定精神,始终保持惩治腐败高压态势,严肃查处违纪违法案件,以优良党风促政风、带民风,努力营造风清气正的良好政治生态。

三、文化建设

60多年的不断发展，甘南州经济和社会事业繁荣发展，各族人民物质文化生活取得明显变化。特别是改革开放40多年来，公共服务均等化水平不断提高，教育事业硕果累累，文化事业日益繁荣，各族人民幼有所育、学有所教，成为幸福生活的奋斗者、共享者。

（一）教育事业卓有成效

1. 学前教育"从无到有、从有到优"

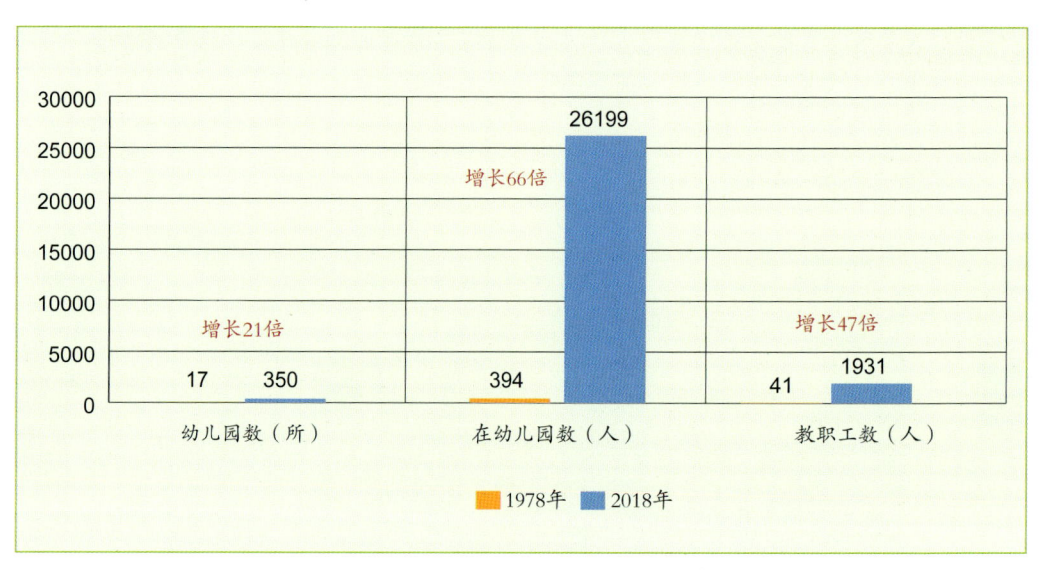

学前教育发展情况

2. 义务教育从"学有所教"到"学有优教"

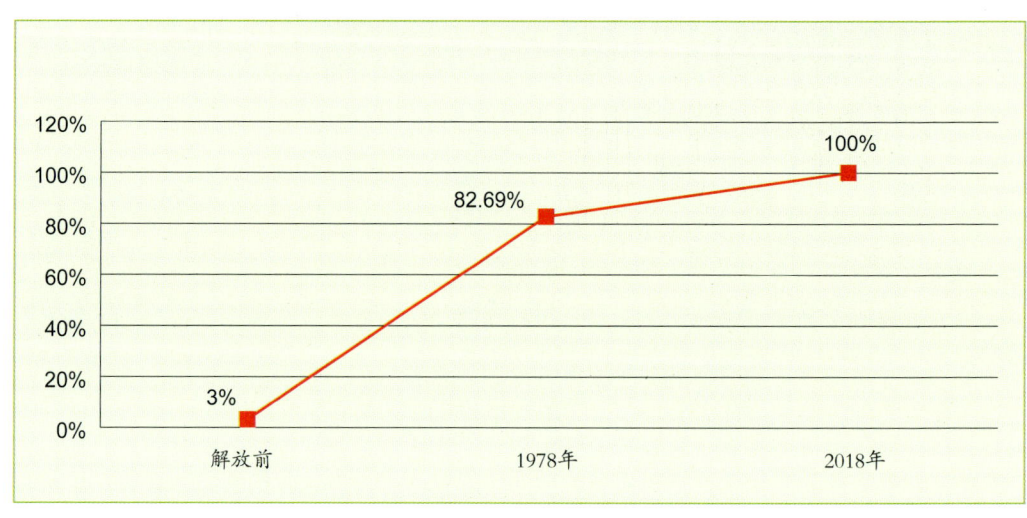

适龄儿童入学率

20世纪80年代，教师带领学生在公路上早操

旧校舍一角

旧教室以炉火取暖

学生正在做化学实验

学生食堂

学生在宽敞明亮的教室中上课

学生们的信息课堂

班级演讲比赛

图书馆

学校演讲比赛

课外活动

具有民族特色的中学课间操

寄宿制藏族小学新貌

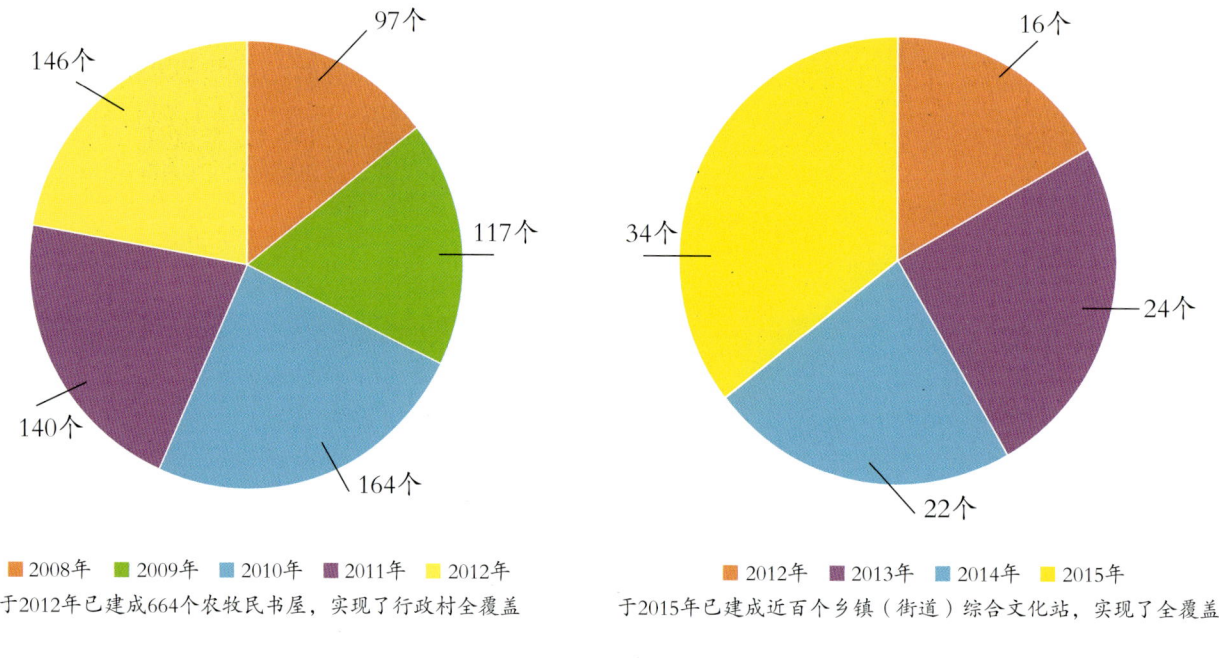

农牧民书屋覆盖变化图　　　　　　乡镇（街道）综合文化站覆盖变化图

（二）文化事业蓬勃发展

60多年来，全州文化事业实现了大发展、大繁荣，各族人民享有更加丰富的文化生活。民族优秀传统文化得到继承和发展，文化遗产保护成效显著。

1. 文化基础设施全面覆盖、文化活动丰富多彩

截至2019年12月，全州共有艺术表演团体8个，文化馆9个，博物馆（纪念馆）16个，公共图书馆9个。全年出版发行《甘南日报》392.35万份，其中，藏文报纸64.55万份，汉文报纸327.80万份。全州广播综合覆盖率100%，其中，农村广播综合覆盖率100%；无线广播覆盖率91.1%，其中，农村无线广播覆盖率91.0%；少数民族语言广播覆盖率62.7%。电视综合覆盖率100%，其中，农村电视综合覆盖率100%；无线电视覆盖率89.2%，其中，农村无线电视覆盖率88.1%；少数民族语言电视覆盖率35.3%。广播电视直播卫星用户16.21万户。有线电视在网用户5.61万户。

甘南州图书馆新业务楼

夏河县图书馆大楼

甘南电视台峪沟影视拍摄基地落成新闻报道

合作市社区书屋

甘南广播电视台网站开通

甘南广电传媒网络中心机房

甘南广播电视台网站

出版发行的刊物

出版发行的图书

甘南州多功能健身中心

甘南州体育中心

拉卜楞寺大法会

舟曲县民俗活动

全国重点文物保护单位——八角城城址

辛甸文化出土的双钩纹彩陶壶

2. 文物得到有效保护

甘南历史文化遗产众多，文物古迹遍布全州，有甘加八角古城遗址、俄界会议旧址、磨沟遗址、洮州卫城等6处全国重点文物保护单位；有阳坝城址、叶儿遗址等28处省级文物保护单位；有510处县市级文物保护单位，馆藏文物5971件。2019年，夏河丹尼索瓦人研究成果入选美国《考古学》杂志世界十大考古发现。临潭县尕路田大房子被列为全国重点文物保护单位。

夏河县八角城全国重点文物保护单位

陈旗磨沟齐家文化遗址（2008年全国十大考古发现之一）

甘南南木特藏戏

3. 非物质文化遗产

国家级非物质文化遗产名录 8 项

甘南南木特藏戏 南木特藏戏是产生于 19 世纪的具有地方风格的一个藏戏剧种，是藏族文化艺术形态中占重要地位的一门融歌、舞、说唱、音乐、文字于一体的综合性艺术。其内容大部分来源于民间故事、历史传说、佛经故事以及世事人情等方面。

甘南藏医药

甘南藏医药 甘南藏医药有着鲜明的特色,制药原材料60%均产于境内。由于特殊的地理环境,日照时间长,藏药经过适时采集、妥善干燥,药物活性成分高,疗效格外显著。而其治疗方法也较独特,主要有内服法(有十种)和外治法两类,外治法包括柔治(有熏疗、药浴、涂擦三种)、糙治(有剖部放血、火灸、棒刺三种)和峻治(有剪割、截断、牵拉、清除四种)。从史书记载和现有器械图谱看,曾达到可进行开颅手术的技术水平。但由于危险性较大,大部分技术已经失传,现仅存放血疗法、火灸疗法、缚敷疗法、药浴疗法、涂抹疗法等五种。

甘南藏族民歌艺人

甘南藏族民歌 甘南藏族民歌一般可分为颂歌、悲歌、对歌、吉祥歌等，曲调节奏自由、热情豪放，以独唱为主，还有趣味性对答式演唱。这种民歌演唱形式在甘南藏族自治州七县一市均有分布。

这些民歌的歌词和乐曲以前没有文字记载，均系民间艺人心记、口传，并通过歌唱、伴奏传给后辈。在长期的历史发展进程中，又经过了加工、创新，逐步形成了这种独特的民间艺术形式。

甘南藏族唐卡

甘南藏族唐卡 唐卡画源于寺院,传承历史与甘南拉卜楞寺院喜金刚学院传授有直接关系,属纯宗教事务类的师徒相传。唐卡多在纯棉布上绘制,也有在羊皮上绘制而成的,有丝绣和绸贴丝缝的或版印的单色唐卡,用各色绸缎镶边,面上罩有薄绸和装饰飘带,下端有黄铜和白银装饰的木轴,以便卷展。画幅大小不一,大者几十平方米,小者不足 0.1 平方米。其绘画颜料多为矿物质和金银等。

唐卡具有鲜明的民族特点、浓郁的宗教色彩和独特的艺术风格,对研究藏民族民间文化和宗教艺术均有一定的社会价值和学术价值,同时还具有观赏和收藏的价值。

拉卜楞佛殿音乐道得尔

拉卜楞寺佛殿音乐道得尔 拉卜楞寺佛殿音乐是寺主嘉木样大师起居和举行盛大典礼时使用的，在安多地区俗称"道得尔"。自产生二百多年来，以优美舒缓的音色、典雅肃穆的旋律、鲜明规整的节拍深受僧俗群众喜爱。

道得尔的主要演奏乐器包括主管、笙、管子、九音云锣、钹、海螺、骨笛等，乐队由21人组成，演奏者从拉卜楞寺六大学院僧人中选调，即闻思学院（大经堂）10人，其他五大学院各2人，此外再从技艺高超的僧人中选出第21人。主要演奏曲目有《姜怀希索》《万年欢》《五台山》《喇嘛丹真》《智钦嘉居》《投吉钦宝》等。

舟曲多地舞

舟曲多地舞 多地舞是甘南州目前保存较完整,且内容丰富、形式多样的藏民族民间舞蹈艺术之一,主要流行于甘南州舟曲县、迭部县等藏族聚居区,是当地藏族群众在喜庆、丰收、祭礼、民俗等传统节日活动期间跳的舞蹈。

多地舞是自古以来茶马古道和藏族传统文化交融的集中体现,反映了当地人崇尚自然的精神特质和对美好爱情、幸福生活、六畜兴旺的执着追求,体现了舟曲人民强大的凝聚力。多地舞是典型的羌文化融入藏文化的舞蹈表现形式,对研究藏羌文化的起源、发展有很大的价值。

卓尼巴郎鼓舞

卓尼巴郎鼓舞 巴郎鼓舞是流行在甘南州卓尼县境东部藏巴哇、洮砚、柏林三乡藏族群众中的一种民间歌舞,当地藏语统称为"莎目",是吐蕃古老民间宗教文化的遗存,作为当地群众传承至今的神舞,对研究中国少数民族民间音乐舞蹈史具有不可替代的作用。

巴郎鼓舞的渊源,与古羌人的原始祭祀活动有关。古羌人在祭祀神灵时,有"披发跣足,敲击枯木兽皮作舞"的习俗,当地的藏族先民在沿袭古老祭祀仪式的基础上,又继承了吐蕃宗教法舞击乐的样式,创造了带长把的双面羊皮鼓作为祭祀五方神灵、庆贺五谷丰登时载歌载舞的伴奏道具。按当地习俗,每年正月初五为莎目的起日(始跳),正月十五为歇日(结束),正月十六则将巴郎鼓供起待来年再用。

卓尼洮砚

卓尼洮砚制作技艺 洮砚是中国三大名砚之一。洮砚石料就出产于甘南州卓尼县，因其历史上属洮州管辖，故得名洮砚。洮砚历史悠久，采掘及雕刻始于唐朝，盛行于宋、明、清，距今已有1300多年的历史，清代乾隆皇帝钦定的《四库全书》中就将洮砚列为国宝。卓尼县洮砚乡被文化部命名为"中国洮砚之乡"。

洮砚石料形成于地质上称之为古生代泥盆系，产于卓尼洮砚乡的洮砚石料矿带三面环水，呈东西走向，直线长约25公里，宽约2.5公里，储藏面积约40平方公里，距今已有4亿多年。洮砚石质坚润细密，淡绿色中含有墨绿色条纹，形成变化万端的流水、云霞、风漪、雾霭。制成之砚下墨极快又细，发墨生光，石质湿润，呵之成珠、贮墨砚中，经月不涸不腐。其中以带黄膘者更为名贵，故有"洮砚贵如何，黄膘带绿波"的赞语。

洮砚制作皆为手工工艺，造型有规矩形砚和自然形砚，构造有墨池、水池和砚盖，款式分为单片砚和双片砚。砚面有图案装饰和文字装饰，最具代表性的传统图案就是龙凤砚和宗教器物砚。其制作大致有选料、下料、制坯、下膛、取盖、合口、落图、透空、精雕、打磨、上光等十余道工序。雕刻手法以透雕和浮雕为主，辅以线雕、圆雕、突雕等多种手法，使之造型雄伟、式样新颖、玲珑剔透、美观实用。

哈钦木表演

省级非物质文化遗产名录

哈钦木 哈钦木藏语意为"鹿舞",包含有圣者劝化猎人不要杀生的意思,源自于夏河县拉卜楞寺,寺内丰富的佛教文学艺术和藏族地区独特的民间歌舞奠定了哈钦木产生的文化基础。哈钦木综合了歌舞和其他艺术形式,是一种有说有唱、有歌有舞又有较完整故事情节的戏剧形式,具备戏剧艺术的若干要素,表演中充分体现人物的性格特点。

巴寨朝水节

巴寨朝水节　朝水节是舟曲县与迭部县交界地带的传统节庆活动，每逢农历五月初五在巴藏乡巴寨沟举办。巴寨朝水节的活动内容有洗浴、梳发、焚香煨桑、祝福、歌舞等。

摆阵舞

摆阵舞 摆阵舞藏语称"玛汉",是目前整个甘南地区民间艺术中保存较完整且内容丰富、形式多样的藏民族民间舞蹈之一。自形成以来,流行于舟曲县上河憨班、立节、曲瓦、巴藏等乡,主要反映古代男子作战时的阳刚美或战争场景,是战前动员时所跳的舞蹈。摆阵舞是典型的羌文化融入藏文化的舞蹈表现形式。

擦擦佛像印版制作

擦擦佛像印版制作技艺 擦擦佛像印版制作是夏河县一种独特的手工技艺，在安多地区享有盛名。擦擦印版制作品种多而齐全，工匠技艺精湛，能在五寸见方的铁、铜制模板上凿刻出上百个佛像，是一门藏族地区独特的金属手工技艺，对研究佛教文化发展史和民族工艺传承有一定意义。甘肃、西藏、青海各地寺院周边及各种塔内、佛像装藏的红泥佛像均由此种印版印制。

甘南藏族牧区服饰

甘南藏族服饰 甘南藏族服饰有很大的差异，因地区、气候、性别、年龄、地位不同而有不同的款式、色彩。合作、夏河、碌曲、玛曲、卓尼、迭部及毗邻地区的男女穿着基本相似，为上下连属式样藏袍。藏袍有然拉、仔花、嚓日之分。然拉用布料和绸缎做成；仔花用羊皮经手工揉搓熟化缝制而成，是内有长毛的皮袄；嚓日用羊羔皮或短毛皮做衬，面料为毛料或布料。

迭部尕巴舞

迭部尕巴舞 尕巴舞是流传在甘南州迭部县境内中部旺藏、尼傲、卡坝三乡的一种民间歌舞。最早起源于印度，在吐蕃时期流传到我国藏族地区。经过藏族人民在长期的劳动生活中继承和发展，其内容更加丰富多彩，独具魅力。

东山转灯

东山转灯 东山转灯是流传于舟曲东山乡、鲁家上湾、真节村一带的民间表演形式，有"转灯踩道"和"迎灯"之说。从腊月起开始做灯，农民破竹扎灯、糊灯贴花、捆扎火把。正月初三后转灯，转灯只限于男子。活动开始时，转灯人前后相随，随锣鼓节奏手舞足蹈，边唱边走。东山转灯有别于其他民俗形式，是多元化、综合性的艺术再现体，是各民族和睦相处的见证。

跳锅庄

锅庄舞 在藏语里，"锅"是"圆圈"的意思，"庄"是"舞蹈"的意思，"锅庄"就是"围着圆圈跳舞"。甘南藏族锅庄舞有着鲜明的民族特点和独特的艺术风格。众人围成一个圆圈或多个圆圈随音乐起舞，人数及男女不限，动作简单易学，多来源于民间劳作，随步伐摆动双臂、挥舞长袖，也可边唱边跳，属于群众自娱性舞蹈。其特点在于队形多变，脚步踏、踩组合，舞步稳沉柔韧，舞蹈者自身动作十分丰富。其中，男舞者的动作豪放刚劲，女舞者的动作较小，舞姿端庄且颇具韵味，具有一定的代表性。

甘南则肉演唱

甘南则肉演唱 则肉是甘南藏族民间古老的一种自娱表演唱形式。"则肉"意译为"玩耍",在拉卜楞一带也叫"格尔",含有"圆舞歌"之意。它具有浓郁的地方特色,演出人数较少,道具简单,形式多样,多以演当地唱当地为主。

甘南藏族婚礼

甘南藏族婚礼 婚礼一般选定在正月上半月的单日举行。娶亲之日新郎与年龄相仿的表兄弟在媒人的陪同下骑马去接新娘,同时牵上供新娘骑的一匹白马,并带上哈达、酒、糖果以及新娘穿的嫁衣等。女方家举行送亲仪式,把新娘扶上马背后,新娘哭唱嫁女歌,歌声忧伤而动听,表示新娘对家人的眷恋。

正在讲述民间故事的老人

甘南藏族民间谚语采风活动

  甘南藏族民间故事 民间故事是甘南地区广为流传的民间文学之一,是贯穿于整个历史长河和藏族地区风土人情的多棱镜,也是历史文人进行文学创作的素材和源泉。其故事寓意含蓄,语言诙谐,既有趣味性,又有教育意义。

  甘南藏族民间谚语 民间谚语在藏语中称为"丹慧",是当地藏民族千百年来逐辈口授、世代流传的一种通俗、顺口、朴实、精练、清新、含蓄、动听的口头民间文学,内容大致可分为:赞美、歌颂、实践、经验、团结、友爱、讽刺、劝诫、道德、处世、爱情、婚姻、农事、气象等类型。

插箭节场景

甘南州插箭节 插箭节是甘南藏族地区最具特色而富有情趣的宗教文化现象之一,是藏族宗教文化的一个典型代表,是藏族民间流传古老的由祭祀仪式衍化而成的节日。

插箭节既是一个民俗活动,又是一个宗教仪式,没有固定的日期,由各部落、村寨按宗教方式择定,一般多在每年春暖花开的农历五六月份举行。

格萨尔说唱艺人

格萨尔说唱 世界最长的英雄史诗《格萨尔》说唱的摇篮就在玛曲县境内的玛麦·玉龙松多草原，《格萨尔》说唱在玛曲地区流传最为广泛，玛曲被誉为格萨尔的发祥地。据考证，玛曲县境内发现的格萨尔风物遗迹有77处。

格萨尔说唱有"说"和"唱"两种表演形式，无乐器伴奏。艺人说唱朗朗上口、回环曲折、曲调多样，巧妙呼应的旋律跌宕起伏、起落有序、回味无穷。格萨尔说唱艺人分为神授艺人和吟诵艺人，神授艺人即艺人与生俱来就会说唱《格萨尔》史诗，吟诵艺人通过背记说唱给观众。《格萨尔》主要反映了格萨尔英勇善战、降妖伏魔、造福百姓的英勇事迹。《格萨尔》说唱在玛曲民间文化艺术中的地位很高，在漫长的岁月中，形成了牧民群众喜闻乐见的艺术形式，深受藏族牧民群众喜爱。

拉卜楞民间舞

拉卜楞民间舞 拉卜楞民间舞是广大藏族人民在漫长的历史岁月中集体创造、世代相传下来的，通过不断创新，日益完善，在艺术上达到了完美的程度，在风格上具备了鲜明的高原特色，民间有"圆舞歌"之意，是当地群众喜闻乐见的一种古老的民间歌舞。藏族群众在逢年过节、迎宾送客、宗教祭祀、结婚典礼与劳动之余会翩翩起舞，男女老少都可参加，少则数人，多则几十人甚至几百人，场面壮观、奔放豪迈、气势宏大。参加者相互拉手扶肩，边唱边舞，可伴奏也可无伴奏，基本步伐和手势有优滑步、双甩手、踏踢步、斜拖手、拉手舞步等。

拉卜楞民间舞是一种抽象的肢体语言，但这种语言中所包含的不只是美，民族记忆无疑是舞蹈的灵魂和情感构成的重要组成部分。

临潭万人扯绳赛

　　临潭万人扯绳赛　　万人扯绳赛是临潭县群众性的一项体育活动，每年正月十四、十五、十六日夜间举行。

　　万人扯绳赛集中体现了古代军队中独具特色的练兵形式，是展现集体力量和互助意识，以及民族民间传统体育活动的一项大型特殊竞技赛。万人扯绳赛的形式在历史进程中逐渐形成了固定的形式与内容，属于全民参与的民间体育活动。

龙头琴弹唱表演

玛曲藏族民间弹唱　民间弹唱是由藏族牧人自弹自唱、即兴填词的一种表演形式。伴奏乐器以龙头琴为主，另有一种伴奏乐器是曼陀林（八弦琴）。弹唱内容涉及历史、宗教、文化、生活等各个方面。

毛兰姆法会

毛兰姆法会 毛兰姆法会又称"祈愿法会",俗称"传昭大法会",藏语称之为"毛兰姆钦木"。毛兰姆法会仅限于在寺院内举行,属宗教佛事活动,源于1409年宗喀巴大师为纪念释迦牟尼在拉萨举办的祈愿法会。后来二世达赖·根敦嘉措恢复了这一法会,传入甘南藏区沿袭至今。作为宗教法舞,对研究少数民族宗教文化史具有不可替代的重要作用。

毛兰姆中的法舞表演与藏戏中的歌舞段落极相似,有些动作和藏戏完全一样,法舞大多段落只有击乐伴奏,仅有少数加入伴唱;舞曲与藏戏较为相近,但节奏较明快,速度也较快,旋律中夹杂一些神秘的喧叙调成分。毛兰姆法会是藏族古老宗教文化的遗存。

牛角琴演奏

牛角琴演奏技艺 牛角琴是玛曲县独有的一种乐器,藏语称"章瑞扎木念",牛角琴演奏旋律独特,曲调优美动听,内容丰富,老少皆宜,是玛曲特有的一种非物质文化遗产。

榻板房民居

榻板房制作技艺 迭部县境内的藏族民居——榻板房历史悠久,《毛诗传》中就有"西戎板屋"之句,《水经注·渭水》中有"其乡居悉以板盖屋,诗所谓西戎板屋也"的记载。白龙江流域是古代西戎人的腹地,民房建筑形式上自然会有浓厚的戎人色彩。

迭部民居大多在森林边缘地带,那里气候多雨湿润,山多林密,就地取材建房方便,榻板房在严冬里吸热保暖,抗寒性强,因此历经千年而不变。

天干吉祥节场景

天干吉祥节 舟曲县铁坝乡天干沟藏族群众一年一度的吉祥节,是当地藏民族独特的传统节日,于每年农历七月十五日举行。

夏河金属饰品制作

夏河金属饰品制作技艺 夏河金属工艺民间手工艺制品有近百年的历史,从其制作流程来看,有汉藏融合等不同工艺,具有一定的发掘和研究价值。夏河金属工艺属纯手工艺制作,民族和地域特色十分显著。

夏河县香浪节

夏河县香浪节 香浪节最早为拉卜楞寺四世嘉木样大师尕藏图丹所创。当时，拉卜楞寺附近没有柴薪市场，所需的柴薪一律由僧人到郊外自行采伐，规定每年三月至九月为砍柴日期，过了规定的"香浪日"，一律不准进山。所以，僧人们每到风和日丽、鸟语花香的夏季，就带上丰盛的食品，到山上砍拾木柴，逐渐约定俗成。这一习惯又从寺院流传到了民间，逐渐演变为僧俗一同郊游的节日。每到盛夏农历六月，满山遍野就扎满了帐篷，人们开始欢度香浪节。

新城花儿会

新城花儿 花儿是流传于中国西北地区的一种高腔山歌，曲调高亢悠扬，歌词淳朴清新，具有鲜明的地方特色和浓郁的民族风格。临潭花儿泛指流行在甘肃洮河流域的花儿，属于西北花儿的一支。花儿有单调双调之说，单调一般为三句组成，双调为六句组成，也有单调唱四五句、双调唱八九句的，但都要有严格的韵律，歌唱的内容很丰富。花儿长期广泛地在民间流传，有着深厚的群众基础。

正月十九迎婆婆活动场景

正月十九迎婆婆 正月十九迎婆婆（舟曲称圣母娘娘为"婆婆"）是舟曲县遗留下来的一种带有浓厚地方色彩的民俗活动，距今已有五百年的历史，经久不衰，集民俗文化旅游、祈福、娱乐为一体，是各民族和睦相处的见证。

卓尼藏族服饰

卓尼藏族服饰 俗称"三格毛",又称"觉乃藏族服饰",主要分布在卓尼县境内地势平坦、海拔较低、气候相对温暖、湿润的东部新洮,洮河南岸、北岸等乡镇。男子上身为黑色大襟高领布袄短褂,分单、棉两种。短袄褂子下摆用红色绸带、布或羊毛腰带系于腰,系扣打在臀后,下身穿黑色或深蓝色长裤,头戴狐皮帽或礼帽,足蹬连把腰子鞋。妇女的头发都梳成三根粗大的辫子,不同的是,已婚妇女只编中间一根,且用黑头绳系扎,左右的两根辫子上端蓬松,至腰下才梳成辫子;未婚少女的三根辫子都梳编起来,用红头绳扎结。觉乃藏族妇女上身喜着天蓝色大襟的长袍,外罩镶锦边的粉红、大红或紫红马甲,藏语称"库多",下身穿大红色长裤,足蹬连把腰子鞋。

卓尼木雕

卓尼木雕 木雕是卓尼县一种独特的手工技艺，最初的木雕作品多为佛雕，后来藏式建筑中也大量运用浮雕、透雕等木雕传统工艺。卓尼木雕取材于本地优质紫、白檀木和柏木、桦木等优质材料。在构思和设计上按材料的颜色、质料及自然形态因材施艺，具有浓郁的民族风格和宗教色彩。

土族民歌演唱

卓尼土族民歌 土族民歌鲁西和卡西是卓尼县土族现存传统文化中最重要的组成部分，是研究古代卓尼县土族文化的重要依据，是藏、羌与土族文化相融合的具体体现，也是各民族之间交流的纽带。卓尼土族民歌既有酒宴上助兴的酒歌，又有抒发各种不同情感的情歌。

甘南藏族自治州体育局外景

4. 群众性体育活动

甘南州以构建面向大众的体育服务体系为目标,坚持以人为本,以提高农牧区群众和社区居民的身体素质、生活质量为出发点,建群众身边的场地,抓群众身边的组织,搞群众身边的活动,各族干部群众参与体育活动的热情空前高涨,少数民族传统体育与全州各地兴起的旅游观光活动融合在一起,成为旅游活动中的重要项目,并以其鲜明独特的民族特色吸引众多的国内外游客,带动了旅游经济的发展。

体育设施明显改善。甘南州已建成38个乡镇和社区体育健身中心、15个较高标准体育场地、1050个行政村和自然村"一村一场"(篮球场)、6个笼式足球场,配装健身器材8000余件,人均拥有公共体育设施面积达1.3平方米。

2019年8月8日，甘南州"全民健身行动"暨2019年"全民健身日"启动仪式在合作举行

全民健身蓬勃开展。甘南州体育公共服务网络基本形成。已建成8个体育总会、8个国民体质监测站点、91个单项体育运动协会和运动俱乐部、170多个健身站点，注册登记1900余名各级体育指导员，还有10个健身气功站点。年均举办全民健身活动达550余次，参与人数达80万人次以上。

成功举办首届体育运动会。甘南州创新体育发展方式，完善公共体育服务设施，全面发展群众体育，择优发展竞技体育，加快发展体育产业，竞技体育取得重大突破，开创了甘南体育事业发展的新局面。

群众文化生活丰富多彩

万人拔河赛

全民健身展演

2019年全民健身活动展演场景

2018年7月2日,甘南州首届体育运动会开幕

甘南州首届体育运动会排球比赛

格萨尔赛马大会

5. 民族体育得到传承和普及

截至 2019 年,甘南州成功举办 12 届玛曲格萨尔赛马大会,4 届迭部国家大力士邀请赛暨则巴邀请赛,4 届藏地传奇自行车赛,7 届碌曲锅庄舞大赛,6 届临潭冶力关拔河公开赛,1 届中国甘南首届全国高原山地穿越挑战赛、中国天空跑系列赛(甘南站)、全国露营大会等一系列国际、国内体育品牌赛事。玛曲县成功申报"中国赛马之乡",迭部县被评为"中国大力士之乡"和全省民族体育(则巴)推广基地,冶力关景区被认定为国家体育旅游示范基地创建单位,"中国·甘南高原天空跑"入选国家体育总局、原国家旅游局发布的 18 条"2018 春节黄金周体育旅游精品线路",成为西北五省区唯一上榜线路。

玛曲赛马大会

首届锅庄舞大赛活动

传统牦牛赛

赛马

徒步穿越活动

少数民族运动会大象拔河比赛

少数民族运动会举皮袋比赛

开展法制宣传

合作市法制宣传栏

夏河县开展社区法制宣传教育

组织妇女学习法律知识

四、社会建设

（一）创新基层维稳模式

甘南藏族自治州委、州政府坚决贯彻落实中央治藏稳藏方略，全面落实维护稳定第一责任，坚持专项治理与系统治理、依法治理、综合治理、源头治理相结合，深入推进平安甘南、法治甘南、过硬队伍和智能化建设，加强和创新基层社会治理，深化"十管十防"工作举措，全面推行"网格化＋十户联防"基层社会治理工作，纵深推进扫黑除恶专项斗争，着力维护国家政治安全、确保社会大局稳定、促进社会公平正义、保障人民安居乐业，各族群众获得感、幸福感、安全感更加充实、更有保障、更可持续。

在农牧村内刷写法治宣传标语

组织社区居民学习法律知识

法治宣传进学校

法治宣传进农户

法律宣传进寺院

僧人主动学习法律知识

马背普法队队员向农牧民进行普法宣传

严肃认真维护社会公平正义

节庆活动安全平稳

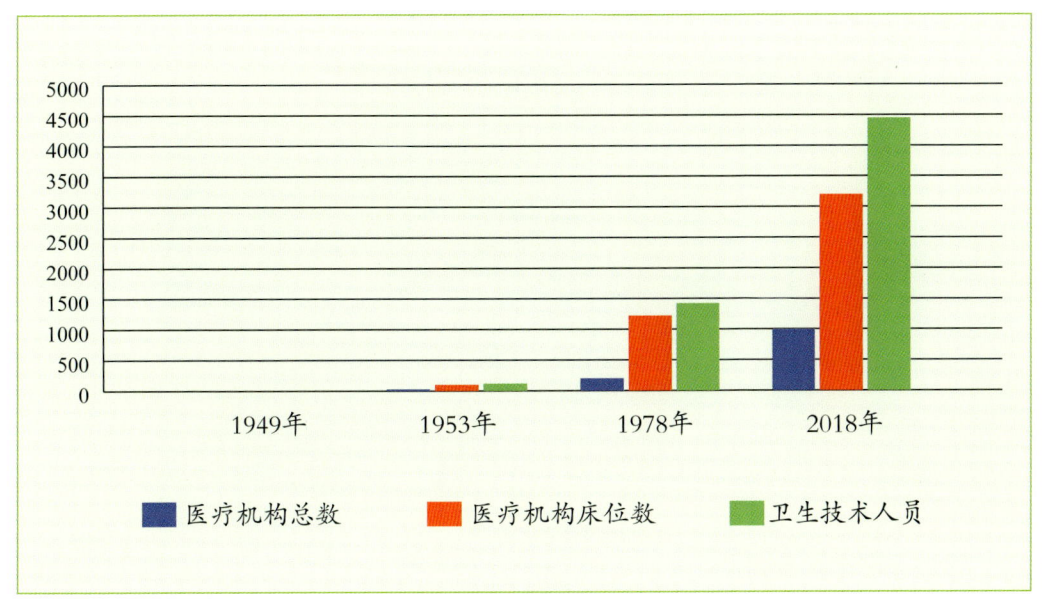

1949至2018年甘南州医疗状况变化表

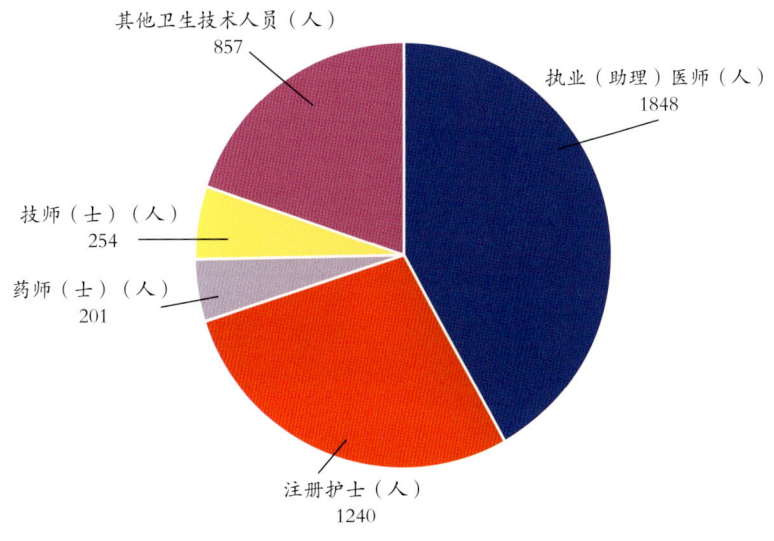

2019年全州卫生技术人员结构

（二）卫生健康水平全面提升

中华人民共和国成立以来，甘南州卫生基础设施建设得到前所未有的改善，医疗服务能力服务水平不断提升，医药卫生体制改革全面深化，卫生人才队伍发展壮大，各类重大传染病得到有效控制，卫计健康事业从单纯的救治走向医疗预防保健为一体的全方位健康服务，为全州各族群众铺就了一条稳健可靠的健康之路。

1957年成立的甘南州人民医院

甘南州藏医院门诊医技楼

甘南州妇幼保健院为全州妇女儿童提供服务

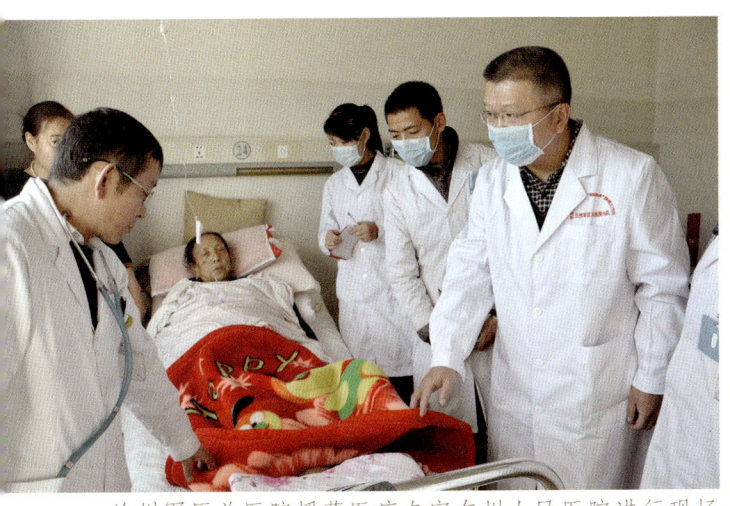
兰州军区总医院援藏医疗专家在州人民医院进行现场教学

2017年11月6日—9日,"韩红爱心·暖秋重阳"公益活动在甘南州举行

据甘南州2019年统计年报显示,目前全州共有各级各类医疗卫生机构886个,其中,医院35个,基层医疗卫生机构818个,专业公共卫生机构32个,其他卫生机构1个。各级各类医疗卫生机构实有床位3473张,其中,医院2682张,基层医疗卫生机构526张,专业公共卫生机构265张。各级各类卫生技术人员4400人,其中,执业(助理)医师1848人,注册护士1240人,药师(士)201人,技师(士)254人,其他卫生技术人员857人。每千人拥有卫生技术人员6人。

全州人均寿命由1949年34岁提高至2018年66岁。行政村卫生室由1949年的空白至2018年实现全覆盖。1978年起实施计划免疫工作以来,脊髓灰质炎、白喉、百日咳、新生儿破伤风等疫苗可预防的传染病发病已降至历史最低点,连续28年无脊髓灰质炎病例。一类疫苗接种从"四苗防六病"发展到"十一苗防十二病"。目前单苗单剂次以乡镇为单位达90%以上。

援藏医疗专家正在培训甘南州医护人员

组织医疗团队开展医疗扶贫送医下乡

定期组织医疗工作者开展基层义诊活动

碌曲县工商局工作人员向农牧民群众讲解食品安全

干净整洁的市区街道

（三）全面优化人居生活环境

2015年以来，甘南州认真贯彻习近平总书记关于生态文明建设的指示批示，牢固树立"绿水青山就是金山银山"的绿色发展理念，聚焦农牧村主攻方向，打响环境综合整治歼灭战，以摧枯拉朽之势、脱胎换骨之变掀起了一场声势浩大的"环境革命"。"抢占绿色崛起制高点，打造环境革命升级版"的创新实践，让甘南的整体面貌发生了脱胎换骨的变化。实施富有民族特色村庄风貌改造，逐户实施改厕、改圈、改院、改炕、改厨、改房等项目，人居环境发生了翻天覆地的变化。

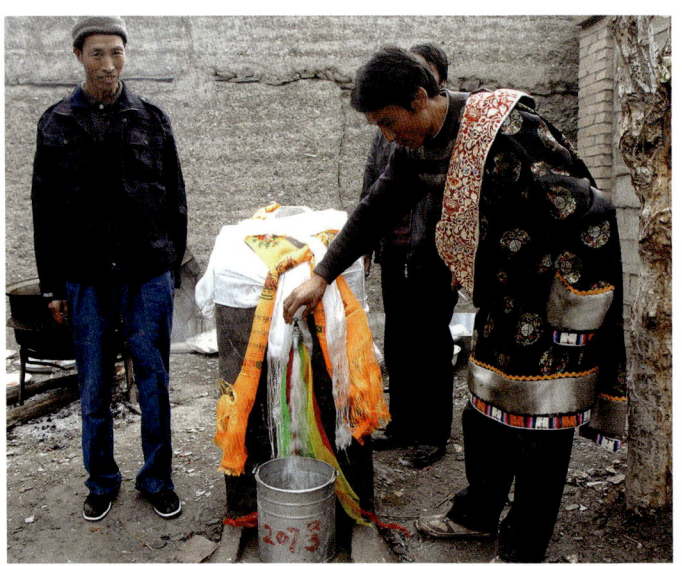

引水入户

改建后的公共厕所

整洁干净的村落

舟曲生态文明小康村民居

尼巴村麻尼房桥

地震后的舟曲县

地震山体滑坡

灾后恢复重建

灾后重建的新居

(四) 抢险救灾

1. "5·12" 汶川大地震抢险救灾

2008年5月12日，四川省阿坝州汶川县发生8.0级特大地震，波及甘南州舟曲、迭部、卓尼、临潭等县市。全州因灾死亡15人、受伤733人，直接经济损失59.09亿元。

被泥石流冲毁的城关镇政府办公楼

武警官兵在搜救掩埋人员

被泥石流冲毁的居民楼

2. 舟曲"8·8"特大山洪泥石流抢险救灾和恢复重建

2010年8月8日凌晨，甘南州舟曲县发生历史罕见的特大山洪泥石流灾害，造成1557人遇难、208人失踪，直接经济损失33.68亿元。在党中央、国务院和甘肃省委、省政府的坚强领导下，按照党中央统一部署，经过各援建单位和全体援建者1000多个日日夜夜的艰辛努力，到2013年8月，圆满完成总投资50亿元的170个灾后重建项目，建成了"让灾区人民满意、让全国人民放心"的新舟曲。

2010年8月9日，三眼峪的救援现场

受灾的舟曲县城

2010年8月15日，舟曲特大山洪泥石流遇难者悼念活动在舟曲县城举行

建设中的峰迭新区

2010年8月12日,"风雨同舟"赈灾义演晚会上,社会各界向舟曲捐款

少数民族儿童献爱心

群众踊跃捐款

新建的兰州新区舟曲中学

恢复重建后的居民新居

灾后重建的甘南州舟曲县城关镇罗家峪村焕然一新

群众幸福生活满意度越来越高

（五）人民生活幸福美满

建州以来，全州各族人民的生活条件全面改善，人民生活水平和生活质量得到迅速提高，幸福指数大幅提升。

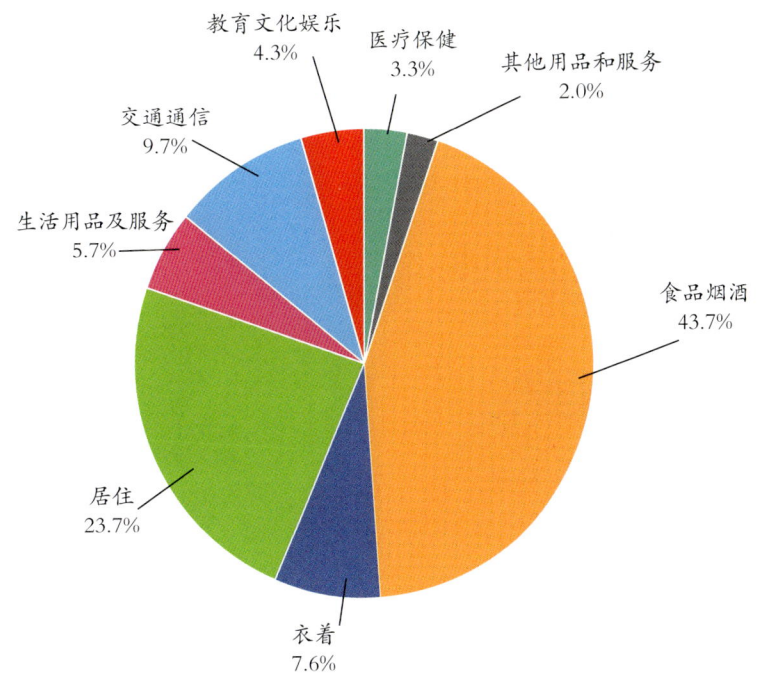

2018年甘南州农村居民生活消费结构图

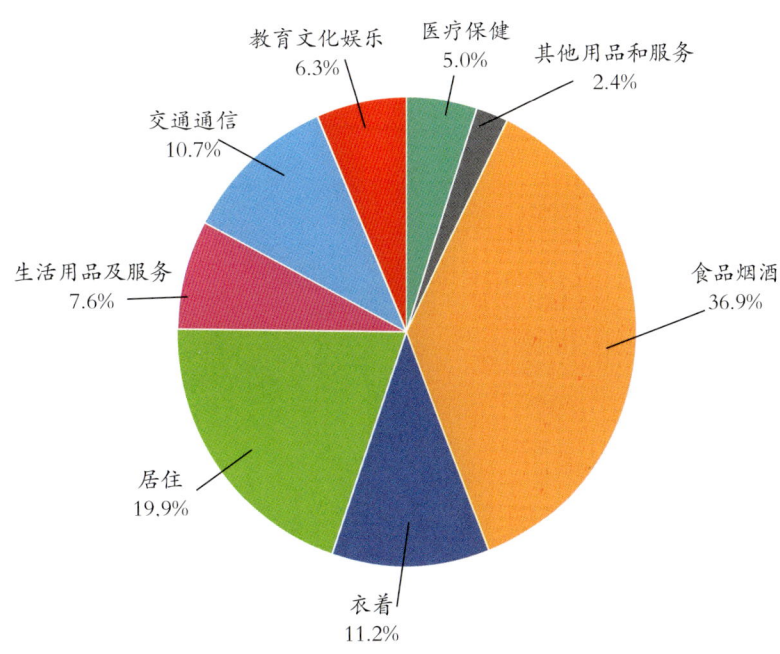

2004—2018年甘南州城镇居民八大类生活消费支出分布图

群众幸福指数大幅度提升

幸福快乐的藏族三姐妹

合作市民日常休闲生活

悠闲的农牧民老人

政府向牧民发放农村危房改造补助资金

易地搬迁后的牧民新家

牧民新居内景

五、生态建设

甘南最大的价值在生态，最大的责任在生态，最大的潜力也在生态。党的十八大以来，甘南州委、州政府坚决贯彻习近平总书记生态文明建设的指示批示精神，坚持生态保护优先，促进人与自然和谐共生，奋力走好具有甘南特色的绿色发展之路。

甘南州实行天然林禁伐前，甘南林区为国家提供了1000多万立方米的优质木材，累计上缴利税超过13亿多元。1998年10月1日，国务院正式宣布禁止天然林采伐，自治州和上级国家机关一道实施天然林保护工程，启动退耕还林（草）试点工程，实施了"天保"工程。自治州借国家实施西部大开发战略之机，积极开展退耕还林还草工作，造林面积稳步增长。截止到2018年，全州完成封山育林面积139.66亩，1978—2018年累计完成植树造林面积285.73万亩，森林覆盖率达到24.38%。山清水秀、绿水青山是全州人民的共同向往。2019年，甘南州保障了647.42万亩天然林和290.27万亩公益林资源安全，国土绿化21.89万亩，义务植树345万株，退耕还林还草3.57万亩，围栏草场120万亩，建植人工草地50万亩，退化草原改良6.4万亩，沙化草原（黑土滩）综合治理94万亩，毒害草治理4万亩，中度以上退化草原减少259万亩，退化草场面积下降11.2%。甘南是甘肃乃至西北地区最大的天然林区，建设与保护好4.5万平方公里区域内的绿色长廊，对全省乃至全国的生态环境、水源涵养都有重大意义。

（一）树牢生态理念，加快转变经济发展方式

为客观评估甘南州生态环境承载力，以绿色现代化引领甘南经济社会发展，甘南州编制了《甘南藏族自治州绿色现代化先行示范区规划》《甘南州自然资源资产评估》和一个典型县负债表《甘南州玛曲县自然资产负债表》，连续举办十届生态文明腊子口论坛，为甘南生态环境保护、生态经济发展、生态文明建设提供了强大的智力支持和理论指导。

论坛成果汇编　　　针对党政干部、中小学生、农牧民群众编撰的生态文明教育读本

2009年8月,首届"中国生态文明腊子口论坛"在迭部县举行

2019年8月,"第十届生态文明腊子口论坛"在合作市举行

2007年12月，投资44.51亿元的甘肃甘南黄河重要水源补给生态功能区生态保护与建设项目启动实施

（二）坚持保护优先，大力实施生态工程建设

截至2019年6月底，总投资44.51亿元的《甘肃甘南黄河重要水源补给生态功能区生态保护与建设规划（2006—2020年）》累计完成投资31.4亿元，建设定居点174个，定居游牧民14524户73708人；建设青稞生产基地25万亩；建设养畜暖棚14836座，核减超载牲畜92.4万个羊单位；培训农牧民2.14万人；治理草原鼠害1573.5万亩；治理流动沙丘3.55万亩、重度沙化草地10.69万亩、退化草原（黑土滩）116万亩；治理小流域125平方公里。通过多年来坚持不懈的努力，生态恶化得到初步扭转，草原生态保护得到明显改善，人口、资源、生态与经济发展的关系得到有效改善和协调，水源涵养和补给能力得到进一步加强。

甘南是中国五大牧区之一，有天然草地4085万亩，占全州土地总面积的70.28%。保护好草原生态，是保持青藏高原生态链完整有序的重要一环。为解决好人畜和草畜矛盾，甘南州采取了一系列措施，加强天然草地的合理利用和生态保护。

2010年2月，夏河县草原鼠害综合治理投放饵料现场

首先，重点对天然草地开展围栏和水利建设，全面提高草地的产出水平和单位面积的载畜能力。其次，实施草场责任制，按照以草定畜的原则，划定轮牧期、轮牧区和禁牧区，加大牲畜出栏，严禁草场的超载过牧，使天然草地得到有效保护。第三，建设人工草地，减轻牲畜数量增加对自然草地的压力，已建立人工种草基地115万亩。第四，运用科学手段，采取人工和生物等技术，加大对鼠害、虫害、毒草的预防和治理，维护草地的自然生态平衡，已治理"三化"草场和草原鼠虫害2672万亩，新建草场承包围栏1710万亩。第五，为加强甘南牧区草原建设，转变游牧民生产方式，加快牧区经济发展，提高牧民生活水平，从2003年起开始在甘南实施游牧民定居工程以及天然草原恢复和建设项目。这些措施既保障了农牧民收入和生活水平的稳步提高，又确保了草原生态的良性发展。

甘南林地面积1382万亩，活立木蓄积量达8166.6万立方米。为了保护甘南的生态环境，政府实行限额采伐，以严格控制森林的采伐规模。同时，对采伐基地进行及时更新，恢复森林植被。在全州实施长江、黄河上游天然林资源保护、退耕还林、退牧还草、天然植被恢复试点、生态移民等工程。

鼠害治理后的草场

天然林保护工程

治理后的沙化草场

沙化治理区长势良好的树苗

合作依毛梁退耕还林项目

栽设鹰架招鹰控鼠

农牧民自行组织治理乡村环境卫生

僧人开展环境整治

（三）建立健全机制，全面开展环境综合整治

2015年5月，甘南州城乡环境卫生综合整治工作全面开展，各级各部门深入贯彻落实州委、州政府决策部署，聚焦城区、乡村、景区、公路、河道五个重点，集中彻底整治"脏乱差"。全州累计有740.9万人次参与了环境卫生综合整治。

环境整治群团组织在行动

机关干部清洁城市街道栏杆

爱护环境卫生有你有我

草原映衬的"缎带"

清澈灵动的河流

对城区、乡镇、村组、城乡接合部、公路沿线、景区景点、河道水域等实行分片包干,全面延伸整治范围,集中整治消除环境卫生死角盲点,确保了环境卫生整治活动有力有效推进。

整治后的乡村

优美惬意的城区

全域旅游无垃圾示范区宣传牌

2015年以来，甘南州全方位、深层次、多角度地开展宣传教育，持续深入推进环境卫生整治教育进机关、进单位、进企业、进乡村、进学校、进寺院、进施工现场、进商店商铺，营造了"爱环境、讲卫生、守秩序、促和谐"的良好氛围。

城乡清洁行动共依法取缔非法砂石料场153处，拆除广告牌匾450块，清理小广告1230处，新增垃圾箱2200个，取缔超门店经营1130个，处理拉运渣土车辆未做密封包扎126件，有效遏制了污染源的滋生蔓延，确保城乡环境干净整洁。

甘南州先后制定了《甘南州城乡环境卫生综合整治工作标准（试行）》《甘南藏族自治州城乡环境卫生条例》等一系列规章制度，探索出一套行之有效的措施办法，推动整治工作向长效化、常态化转变。

临潭县八角镇庙花山生态文明小康村

（四）建设生态文明小康村

生态文明小康村建设成效斐然。生态文明小康村建设是甘南州深入贯彻落实党的十九大精神和新发展理念，实施"乡村振兴"战略、打好精准脱贫攻坚战、决胜全面建成小康社会的具体实践。甘南州在实践中大胆探索，在探索中不断创新，坚持高标准谋划、高质量建设、高效率督查，把主要资金围绕"生态"来整合、主要成果围绕"文明"来聚焦、主要力量围绕"小康"来聚合。坚持不挖山、不填塘、不砍树、少拆房，合理保护村落饮用水源、河流、草地、林地、湿地、野生动植物等自然生态资源，营造"望得见青山、看得见绿水"的良好乡村环境。建设乡村记忆馆、农村博物馆、乡村舞台等，保护和修缮传统民居和历史名宅，对有条件、有传承的村子进行专门保护，让在外的游子"记得住乡音、留得住乡愁、守得住乡情"。

根据甘南州2019年8月发表的《新中国成立70周年甘南州经济社会发展成就综述》统计，全州累计投入各类资金126亿元，其中：国家投资93亿元，群众自筹33亿元，已建成生态文明小康村1003个，在建300个，释放出巨大的社会效益、经济效益和生态效益，广大农牧村发生了翻天覆地的变化。各族人民喜笑颜开，翩翩起舞，幸福感、获得感溢于言表，他们满怀深情地感恩党、感恩祖国。

临潭县八角镇牙扎村河堤

卓尼县木耳镇博峪生态文明小康村

夏河黑力宁巴村帐篷民宿

八角镇牙扎村文化广场

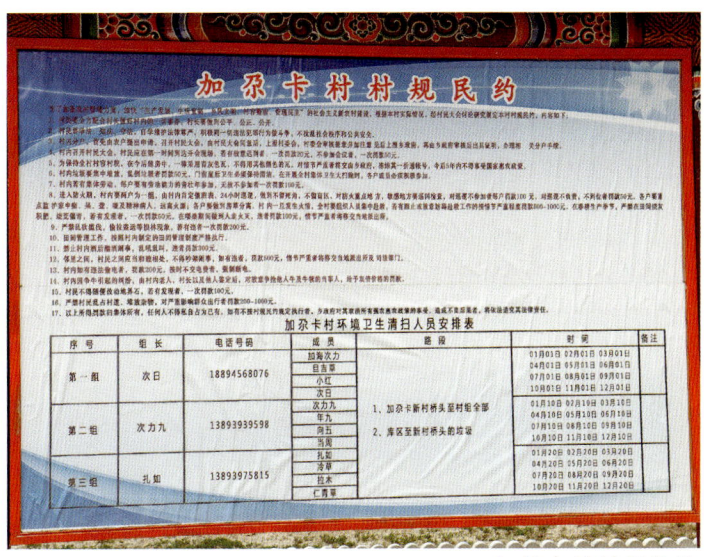
加尕卡村村规民约

博峪村

民族团结篇

一、民族团结进步创建

党的十八大以来,甘南州委、州政府认真贯彻落实习近平总书记关于民族工作的重要指示精神,坚持以铸牢中华民族共同体意识为主线,政治上团结统一,文化上兼容并蓄,经济上相互依存,情感上相互亲近,全面推进民族团结进步创建工作,促进民族团结进步事业蓬勃发展。

截至2018年,甘南州受国务院、省委省政府、州委州政府表彰的民族团结进步模范集体共95个,受国务院、省委省政府、州委州政府表彰的民族团结进步模范个人共242人。目前,省、州已表彰民族团结进步示范县、机关、单位、企业、学校、乡镇、村委会、自然村、家庭等约2400个,完成《甘肃省民族团结进步创建活动规划纲要》"十百千万"目标任务的90%。被省、州命名的民族团结进步教育基地共158个。

2003年以来,甘南州已连续开展了17个民族团结进步宣传月活动,每年全州平均在甘南电视台报道21期,播报新闻51次,在《甘南日报》刊登报道40期,悬挂横幅、宣传牌500余条(块),发放宣传资料1万余本(册),发送手机短信3万余条。中央媒体共发布甘南州创建工作报道100多条,在报刊、网站、客户端共发布图片320多幅。据不完全统计,已有2270余家网站转载关注,报道内容基本覆盖全网,测算全网累计点击阅读量超过3.63亿人次。开展民族团结进步创建工作培训3次,参训人员达660余人。组织开展大型宣传月活动启动仪式5场次,参与人员约1.5万人。

2016年5月,甘南州启动创建全国民族团结进步示范州工作。示范州创建工作启动以来,州委、州政府高位谋划、高端引领、加强领导、全力推进,围绕到2020年全面建成小康社会这个目标,大力实施精准脱贫工程促进全面小康建设,培育壮大首位产业促进经济转型升级,全力抓好项目建设促进富民强州大业,纵深推进环境整治促进打造绿色高地,夯实民族团结基础促进交往交流交融,深化改革扩大开放促进发展动力增强,全州经济社会发展取得了巨大成就。

2017年9月初,甘肃省民族团结进步创建经验交流现场会在甘南合作市顺利召开,会议命名甘南州为全省民族团结进步示范州并授牌。2017年10月,顺利

2017年12月，甘南州被国家民委命名为"全国民族团结进步创建示范州"

通过省级验收并被命名为"全省民族团结进步创建示范州"，2017年12月26日，国家民委正式命名甘南州为"全国民族团结进步创建示范州"。

2016年12月20日、2017年12月26日，国家民委还先后命名合作市及卓尼县、舟曲县、碌曲县尕海乡尕秀村为第四批、第五批全国民族团结进步示范区（单位）。2018年3月份，在"甘南州荣获'全国民族团结进步创建示范州'命名授牌暨民族团结进步创建工作先进集体先进个人表彰大会"上，国家民委正式授予甘南州"全国民族团结进步创建示范州"称号。

党的十八大以来，甘南州始终坚持以铸牢中华民族共同体意识为主线，以民族团结进步创建"九大工程"为抓手，把健全长效机制作为示范州创建工作的重要保障，用制度强化领导，用制度落实责任，用制度推动工作，有力地促进了各项创建工作持续健康开展。

一是健全组织领导机制。成立了由州委、州政府主要领导任组长，州四大班子分管领导任副组长，各部门、各单位主要负责人为成员的创建工作领导小组，设立了综合协调、宣传报道、督查指导等8个工作组，形成了"一把手"负总责、分管领导亲自抓、创建部门具体抓、各职能部门协同抓的良好局面。州委、州政府先后研究制定了《创建全国民族团结进步示范州实施方案》等一系列指导性文件，在人力、财力、组织等方面加大支持力度，推动创建工作有序高效。

二是健全责任落实机制。各部门、各单位也结合各自工作实际,制定了实施方案和推进计划,明确了工作任务和责任人,形成了目标清楚、分工明确、责任到人的落实机制。常态化开展督促检查,督促指导解决问题,有力地推动各项创建工作落到实处。

三是健全创建工作人才队伍机制。州委、州政府分管领导发挥牵头抓总和领导小组协调推进作用,各部门、各单位严格对照创建标准要求抓创建工作,确保各项创建任务落到实处。

四是发挥示范引领作用。甘南州召开民族团结进步表彰大会,先后评选表彰了民族团结进步先进单位102个、示范村(社区)38个、先进个人28名和示范家庭200户;培育了坚木克尔街道、通钦街道通钦街社区、合作市第四小学、甘肃华羚酪蛋白股份有限公司等一批全国全省民族团结进步模范集体。同时,州委、州政府带领广大干部群众深入学习宣传党的十九大精神和习近平总书记关于民族工作的重要论述,深入学习宣传宪法,大力弘扬宪法精神,切实增强干部群众的宪法意识,进一步提高了依法治理民族事务的能力水平。

甘南州创建全国民族团结进步示范州启动大会

甘南州第十二个民族团结进步宣传月活动启动仪式

被甘肃省命名的民族团结进步示范村——大绍玛村

卓尼县被国家民委命名为"全国民族团结进步创建示范县"

夏河县人民医院副院长道吉草荣获"全国民族团结进步先进个人"荣誉称号

甘南州人民代表大会通过的各项条例

甘南州各族人民代表行使选举权,投下庄严的一票

甘南州藏传佛教寺院法制宣传教育巡回宣讲团深入玛曲县欧拉乡年图寺宣讲

二、民族团结宣传教育

甘南州建立健全民族团结教育长效机制，坚持把民族团结宣传教育纳入社会主义核心价值观教育、法制宣传教育、公民道德教育、社会主义精神文明建设和社会综合治理全过程，广泛开展形式多样、内容丰富、群众喜闻乐见的民族团结宣传教育。从 2015 年到 2018 年间，共召开各种动员会、报告会、座谈会 70 余次，组织政策宣讲团进村入寺开展宣讲 120 余场次，办板报、墙报、图片展 200 余期，出动宣传车辆 50 余次，广播电视宣传 40 余篇，举行民族团结文艺演出 100 余场次，各乡、街道举办各类民族团结运动会 50 余场次。先后三次派 150 多人次参加三期全省藏区民族团结进步创建工作培训班。通过各种活动，进一步增强了各族干部群众"三个离不开""五个认同"，筑牢促进民族团结和维护社会稳定的思想基础。

2019年10月30日，甘南藏族自治州伊斯兰教协会第八次代表会议召开

民族团结宣传展板

民族团结进步宣传月举办的文艺演出活动

民族团结进步宣传墙

玛曲县创建民族团结示范县"八进"活动进学校宣讲会

民族团结进步创建工作进家庭,汉藏人民共度藏历新年

民族团结进步创建工作进学校,学生们学习中华传统文化

民族团结进步创建工作进村寨,向少数民族群众发放民族团结进步宣传资料

民族团结进步创建工作进寺院。图为藏传佛教教职人员及统战系统工作人员参加培训

2016年8月22日,夏河发生暴雨泥石流灾害,救援干部为当地群众送来食物

2017年7月31日,军民携手奋进 同心合力筑梦——甘南州庆祝中国人民解放军建军90周年军民联欢晚会在甘南州藏族歌舞剧院隆重举行

尼巴村、江东村群众共谋发展大计

村干部在炕头与群众亲切交流

三、各民族交往交流交融

2015年以来，甘南州着力建设相互嵌入式的社会结构和社区环境，形成了大杂居、小聚居的居住格局，每一个村庄（社区）都居住着不同民族，大家和睦相处、相敬相亲。各族群众在长期的共同生活中，相互影响，相互学习，你中有我、我中有你成了现今甘南州的一大人文特色。

成功化解基层社会矛盾，促进民族团结。甘南州卓尼县尼巴乡所辖的尼巴村和江车村相邻而居，世代以游牧为生，因草山纠纷争斗不断，积怨深久。在党的群众路线主题教育实践活动中，甘南州推动尼江问题从破冰融冰走向春暖花开，实现了两村和谐共牧。

自然人文篇

甘南州地域辽阔，历史悠久，山河壮美，景色秀丽，文物古迹众多，风土人情各异，形成了丰富多彩的旅游资源。建于1709年、享有"佛教圣地"之称的夏河县拉卜楞寺是我国藏传佛教格鲁派六大宗主寺之一。另外还有建于1295年的卓尼禅定寺，有"虎穴仙女"之称的碌曲郎木寺等一百多处藏传佛教寺院。兰郎公路已成为兰州—拉卜楞寺—九寨沟观光旅游的一条热线，沿途有红军长征经过的天险腊子口、俄界会议遗址等9处革命遗迹，有"小桂林"之称的则岔石林及白龙江源头等多处名胜景区。在茫茫林海中，还珍藏着属国家一、二级保护的珍稀动物大熊猫、梅花鹿、棕熊、林麝、黑熊、豹猫等。

一、优美的自然景观

甘南州位于青藏高原东北边缘，地势板块西北高、东南低，由西北向东南呈倾斜状。境内山峦重迭，沟谷纵横，地形错综复杂。由西向东逶迤蜿蜒的高峻山峰与其间的高原阔地，构成了州境西、北、南面平均海拔3000米以上的主要地貌区域。境内舟曲县瓜子沟口为最低点，海拔1172米，处整个倾斜地势的东部箕口。综观全州地势，呈现三个地貌类区，即山原区、峡谷区与山地丘陵区。特殊的地理环境，造就了优美的自然景观。

甘南州草原辽阔，环境优美，自然资源十分丰富。境内有高原牧场、青藏高原边缘山地、森林公园、崇山峻岭、河流湖泊、石林、溶洞等各种景观；有绿色峡谷群和林木葱郁的森林风光；有神奇峻秀的达里加山、莲花山、太子山，深不可测的白石崖溶洞，天然艺术的大观园则岔石林、扎尕那石城、赤壁幽谷、冶海冰图；有具有"东方瑞士"之称的郎木寺，以及尕海候鸟自然保护区、阿夏大熊猫栖息地等山水自然景观。

甘南州人文资源绚丽多彩，宗教文化古朴神秘，民俗风情浓

天池冶海系国家 4A 级景区、省级风景名胜区，俗称"常爷池"，位于临潭县冶力关乡与八角乡交界处的白石山与庙花山之间，距冶力关镇 7 千米。天池冶海坐落在海拔 2610 米高山峡谷之中，是一天然淡水湖。水域面积 1.2 平方千米，南北长 3.5 千米，最深处达 40 米。冶海东西两侧邻崖和白石山相向矗立，山色葱茏，湖水碧波潋滟，山峦树木倒映池中，山、水、云、天浑然一体，景致壮观

郁独特。拥有世界上最大的绿色峡谷群，亚洲最大的天然草原，中国最美的湿地；拥有青山环抱、绿水萦绕的冶力关、拉卜楞寺、大峪沟、当周草原、拉尕山、阿万仓湿地、郎木寺等10个国家4A级景区，腊子口、米拉日巴佛阁、巴寨沟等9个国家3A级景区，桑科草原、天下黄河第一弯、河曲马场等12个国家2A级景区；拥有5个国家级森林公园和5个省级森林公园；拥有拉卜楞寺、俄界会址、八角古城3个国家重点文物保护单位；拥有尕海—则岔国家级自然保护区和阿夏省级自然保护区。2004年甘南被中国社会科学院西部发展研究中心评为"西部最具魅力的旅游景区"，被《中国国家地理》《时尚旅游》评为"人一生必去的50个地方"之一。

阿万仓湿地距玛曲县城约50千米,是若尔盖、尕海、曼扎塘湿地的核心区域。黄河在这里折向川西,黄河的支流在平坦的草地画出美妙曲线,"曲成万物",天、地、人和谐共处,这里水草丰茂、牛肥羊壮,是自然天成的优质牧场

阿万仓湿地

阿万仓湿地自然景观雄奇秀丽,地形地貌鬼斧神工,高山峡谷错落有致;宗教寺庙风格独特,民族风情色彩缤纷,被国内外权威旅游评级机构评定为"让生命感受自由的世界50个户外天堂""梦幻之旅·人一生中要去的50个地方"之一

迭山横雪

拉尕山国家4A级景区位于白龙江上游舟曲县城以西50多公里处的立节乡，主景区海拔约2100~2800米，面积约25.71平方千米。这里地形高差悬殊，原始植物丰富，隐藏着幽静奇绝的生态景观。2018中国西北旅游营销大会暨旅游装备展上，拉尕山入围"神奇西北100景"榜单

扎尕那国家4A级景区

尕海—则岔国家级自然保护区位于碌曲尕海乡境内,"尕海"藏语称为"姜托措钦",意为高寒湖,当地牧民称其为"勒加秀姆"(高原神湖),又称之为"措宁",就是"牦牛走来走去的地方"。尕海湖海拔3480米,是甘南草原第一大淡水湖,1982年被评为省级候鸟自然保护区,划定面积1080平方千米,许多南迁北返的珍稀鸟类在此落脚和繁殖,黑颈鹤、灰鹤、天鹅等珍禽遍布湖边草滩。这里水草丰美,形成了面积达350平方千米的优良牧场。则岔石林位于碌曲县南部,"则岔",藏语意为"羚羊的家园",距县城50千米。景区内最高峰海拔4300米,最低处海拔2900米。这里山势巍峨陡峭,石林屹立云壑,流水清澈见底,林木茂密葱郁,有众多珍禽异兽栖息出没。

尕海国际湿地

尕海湖候鸟自然保护区

甘南高山草甸草原——美仁大草原

达宗湖位于王格尔塘镇海拔4004米高的阿米方日山下,属高原堰塞湖,是一处神秘的高原湖泊,距夏河县城31千米。达宗湖被称为藏族地区的"碧玉曼遮湖",湖四周松柏参天,藤萝缠绕,灌木丛生,湖边缘还有一片翠绿如毯的青草地和祭祀山神的插箭台。整个湖面呈不规则的葫芦形,时而碧波荡漾、涟漪绰约,时而波平如镜,宛如娴静温柔的少女

桑科草原是国家2A级景区，位于夏河县桑科乡境内，属于草甸草原，草场面积达70平方千米，地形起伏缓和，草滩宽广，水草丰美，牛羊肥壮。这里交通便利，服务质量一流。每到夏季，桑科草原碧野如茵、鲜花盛开、牧草丰茂、牛羊遍野。大夏河宛如一条洁白的哈达缓缓流过，形成了一幅美丽多彩的油画。

措美峰位于迭部县卡坝乡北部,距县城63千米,东与舟曲相连,北与卓尼为邻。措美峰主峰海拔4920米,横亘南北180平方公里,是甘南州第一高峰

冶力关国家4A级景区位于临潭县境内。以临潭县冶力关镇为中心,分为莲花山、西峡、东峡和冶海湖四个景区。主要景观有莲花山、冶木峡、冶海湖、赤壁幽谷、巨型卧佛等

在冶力关镇西北约6千米处，耸立着一片错落有致的丹霞地貌奇观，红色沙砾岩形成赤壁，俗称"赤壁幽谷"，系省级地质公园。在幽静、险峻、深邃的十里沟壑内，赭红色的悬崖峭壁，突兀耸峙，岩石造型形态逼真，奇峰如笋、形态各异，树木花草碧翠竞绿，溪流瀑布喷珠泻玉。这里典型的丹霞地貌，已被载入《中国丹霞地貌》一书

二、种类繁多的珍稀动物

甘南州野生动物资源丰富，尤其是珍稀动物的种类和数量在甘肃省占有较大比重，也是它们的主要栖息区之一。甘南州境内鸟纲动物有154种，哺乳纲动物有77种。属国家一级保护的野生动物有大熊猫、梅花鹿、白唇鹿、雪豹等14种，二级保护的野生动物有黑熊、棕熊、石貂、水獭等26种。

白尾海雕是鸟纲、鹰科、海雕属的大型猛禽，体长84～91厘米。成鸟多为暗褐色；后颈和胸部羽毛为披针形，较长；头、颈羽色较淡，沙褐色或淡黄褐色；嘴、脚黄色，尾羽呈楔形，为纯白色。多栖息于甘南玛曲湿地。

斑尾榛鸡为中国特有品种，只产于中国甘肃、青海、四川等地。体长31~38厘米，大小和榛鸡相似，主要以柳、榛的鳞芽、叶和云杉种子以及其他植物的花、叶、嫩枝为食。分布区狭窄，加上人为和天敌的破坏，数量日少，处于濒危状态。

黑鹳是一种大型涉禽，属国家一级保护动物，由于数量极少，已被《濒危野生动植物种国际贸易公约》列为濒危物种，珍稀程度不亚于大熊猫，专家多认为其数量还在下降。

黑颈鹤通体羽毛灰白色，头部、前颈及飞羽黑色，眼下和头顶前裸露的皮肤呈暗红色，尾羽褐黑色。栖息于海拔2500～5000米高原的沼泽地、湖泊及河滩地带，除繁殖期常成对、单只或家族群活动外，其他季节多成群活动，特别是冬季在越冬地，常集成数十只的大群。主要以植物叶、根茎、荆三棱、块茎、水藻、玉米、砂粒为食。是世界上唯一生长、繁殖在高原的鹤。

胡兀鹫也名胡秃鹫，体重3.5～5.6千克，体长1～1.4米。全身羽色大致为黑褐色。因吊在嘴下的黑色胡须而得名。头灰白色，有黑色贯眼纹，向前延伸与颏部的须状羽相连。颈、胸和上腹红褐色，前胸上有黑色斑点。体型一般是雌鸟比雄鸟稍大。多栖息于海拔500～4000米山地裸岩地区。

国家一级保护动物白尾海雕

国家一级保护动物斑尾榛鸡

国家一级保护动物大熊猫

国家一级保护动物黑鹳

国家一级保护动物黑颈鹤

国家一级保护动物胡兀鹫

国家一级保护动物林麝

国家一级保护动物梅花鹿

国家二级保护动物鬣羚

国家二级保护动物高山兀鹫

国家二级保护动物灰鹤

国家二级保护动物蓝马鸡

国家二级保护动物猎隼

国家二级保护动物牛背鹭

国家二级保护动物棕尾鵟

国家二级保护动物大天鹅

国家二级保护动物血雉

国家二级保护动物中白鹭

夏河县被评为"中国生态旅游大县"

三、丰富的人文与旅游资源

甘南州旅游业起步较晚,但是发展速度很快。甘南旅游保持了连年健康快速增长的良好势头,旅游业逐渐成为甘南州经济发展新的增长点和带动第三产业发展的主动力,甘南也成为甘肃省继敦煌之后的第二个旅游热点地区。

2014年以来,甘南州抢抓"丝绸之路经济带"机遇,深度挖掘历史文化、民族文化、宗教文化、红色文化等优势资源,全力创建首批全国全域旅游示范区,打造拉卜楞、冶力关、扎尕那三个大景区,承办了"一会一节"开幕式,办好传统节会赛事活动,打响"户外天堂,青藏之窗"主题旅游品牌,"全域旅游无垃圾示范区"叫响全国。乡村旅游新业态快速显现,涌现出以碌曲尕秀村、临潭庙花山村为代表的一批高品质旅游专业村。旅游产业呈现出井喷式增长势头,2019年旅游人数突破1447万人次,比上年增长15%;全年实现旅游综合收入74亿元,比上年增长16%。建成观景台8处,建设旅游专业村60个,设置旅游标识导示牌328个,新建旅游厕所140座。

国家4A级旅游景区——郎木寺

　　郎木寺景区系中国魅力名镇、国家4A级旅游风景区、省级风景名胜区、甘肃省历史文化名镇。郎木寺风景区位于白龙江发源地，地处甘、青、川三省接壤地带。这里自然景色优美，群山环抱，崇峦叠嶂，丹霞地貌独特，状物像人，形象逼真；山巅林木葱郁，绿草连天，碧水萦绕。依山傍水而建的寺庙僧舍，层层叠叠，错落有致，气势宏伟，金碧辉煌，犹如一幅美丽的画卷。寺院群落给景区以文化渲染，使景区显得更有灵气。寺院分属甘川两省。有属于四川省的格尔底寺及属于甘肃省的郎木赛赤寺，两座藏传佛教寺院之间还有一座伊斯兰教清真寺。三大寺院连成一片，一衣带水，隔河相望，法鼓之声相鸣。

国家 3A 级景区——米拉日巴佛阁

国家 4A 级景区——拉卜楞寺

瞻佛节

夏日冶海

国家 4A 级景区——冶力关

多儿白古萨迦寺

玛曲格萨尔赛马大会

"香巴拉"是藏语的音译,传说是神仙居住的地方。香巴拉旅游艺术节是甘南州最大的综合性旅游节庆活动,每年8月中旬举办。节庆活动有声势浩大的千人马队和气势恢宏的千人锅庄舞表演;有雍容华贵的民族服饰展示和绚丽多姿的民族舞蹈表演;有烈焰冲天的篝火晚会和鼓号深沉的喇嘛乐队表演;有浓郁厚重的藏戏、民族体育比赛、火枪射击、帐篷展示、名家演唱、民间弹唱和赛马、赛牦牛、藏式拔河、骑术表演等民族艺术体育活动。

香巴拉旅游艺术节

第二届卓尼国际自驾狂欢艺术节全景

第二届卓尼国际自驾狂欢节在风光旖旎的大峪沟景区开幕

玛曲格萨尔赛马大会

甘南卓尼大峪沟节会

舟曲松棚楹联灯会

大峪沟景区系省级地质公园、国家4A级旅游景区，位于卓尼县木耳镇，从木耳镇多坝村大峪沟口沿大峪河逆流而上即至。大峪河上的云江峡景点在沟内4千米处，峡长500多米，其间石峰嵯峨，石门如屏，苍松翠竹葳蕤，河水清澈见底，鸟鸣枝头，鱼翔浅底，宛如一幅绝妙的图画。南行向右进入旗步沟，又是一番美妙景象。左右山峰对峙，松柏叠翠，谷底绿草如茵，奇花异卉争芳斗妍，崖岩之间，古刹旗布寺金顶映辉，香烟缭绕，一派宁静祥和的氛围。沟内景点丰富，旗布原、旗布林、三角石、一线天沿沟分布，旗布寺前宽阔平整的草滩上帐篷、木屋点点，是理想的休闲娱乐之地。向左可进入被称为人间仙境的阿角沟。沟内山雄、石奇、水丽、林秀，真可谓"阿角风景胜九寨"。

舟曲巴寨朝水节

舟曲夜景

多食合

四、独具特色的饮食文化

独特的地理位置形成了甘南独特的饮食习惯。这里的饮食以肉类和乳制品为主，不仅风味独特，而且民族特色浓郁。日常主食多为牛羊肉、糌粑、小麦、青稞面，牦牛酸奶是这里的特色。

多食合　多食合是牧区独有的野外食肉方法。牧人们先将羊肉与骨头分解，再将肉割成小块放在一起，加上食盐、花椒粉等调料拌匀，然后撑开事先洗好的羊肚，塞一把肉，装一块烧红的青石头，装完后用绳子把肚口扎牢，不让里面的热气外漏，待到青石将肉块焖熟，热气降温后，用刀将羊肚划开一点口子，倒出肉汁，然后将羊肚整个划开，吃一块肉，喝一口汤，其滋味别具一格。

蕨麻米饭

藏包

奶茶

青稞酒

蕨麻米饭 主料有大米、蕨麻、白糖、酥油。制作方法：先将大米、蕨麻煮熟，各一半盛在碗内，撒上白糖，浇上酥油汁。具有甜而不涩、油而不腻的特点。藏族群众视之为团圆和睦的象征性食品。

藏包 牛肉或羊肉加食盐、花椒，同时加入少量水搅匀，用死面包好蒸熟。其形似宝瓶，皮薄多汁，色味俱佳，被誉为水晶包子。

奶茶 以砖茶、牛奶、盐为原料，在熬煮好的茶中加入牛奶、盐煮沸即可。清香可口，美味无穷。

酥油

酸奶

青稞酒　用当地产的青稞酿造，为绿色饮品。

酥油　一种乳制品，是从牛奶、羊奶中提炼出的油脂肪。藏族人民最喜食牦牛产的酥油。

酸奶　将牛奶煮沸后发酵制作而成的半固体饮品，味道酸甜可口，为待客之佳品。

结　语

一幅幅画面，一段段文字，一个个故事，记录着曾经的沧桑，镌刻着今日的辉煌，饱含着铭恩奋进的情怀，承载着对美好未来的憧憬。

忆往昔，峥嵘岁月，铸就辉煌。

看今朝，山河壮丽，安居乐业。

展未来，蓝图绘就，壮志满怀。

今天的甘南各族人民将牢记习近平总书记殷殷嘱托，更加紧密地团结在以习近平同志为核心的党中央周围，永远听党话、感党恩、跟党走，高举中国特色社会主义伟大旗帜，不忘初心、牢记使命，勇于创新、锐意进取，让生态保护更扎实、产业致富更坚实、民生改善更温暖、民族团结更牢固，共同谱写中华民族伟大复兴中国梦美丽甘南新篇章！

后　记

　　经过多方努力和精心准备，《美丽中国·和谐家园——民族自治地方发展成就展巡礼》系列丛书（以下简称"《巡礼》系列丛书"）终于与广大读者见面了。编纂《巡礼》系列丛书旨在打造"永不闭幕"的民族自治地方发展成就展，提供书写新时代、记录民族自治地方发展成就的"微型百科全书"。国家民委高度重视丛书的编纂工作，有关领导审批了编纂方案。办公厅致函相关省区民（宗）委协助做好《巡礼》系列丛书图文资料的补充、更新、审核等工作，文化宣传司等部门对编纂工作给予了具体指导。相关省区民（宗）委和各自治州州委、州政府及民（宗）委给予了大力支持，确定联络员协助做好有关工作。民族画报社积极支持，提供相关图片资料；民族出版社承担了出版任务，做了大量工作，谨此一并致谢！

　　《巡礼》系列丛书是在展览的基础上补充完善相关资料，图片、文字均未能支付稿酬，深表歉意！因水平有限，疏漏在所难免，敬请读者批评指正。

《美丽中国·和谐家园——民族自治地方
发展成就展巡礼》系列丛书编委会

图书在版编目(CIP)数据

美丽中国·和谐家园：民族自治地方发展成就展巡礼. 甘南藏族自治州卷 / 民族文化宫编. -- 北京：民族出版社，2021.6
ISBN 978-7-105-16427-1

Ⅰ.①美… Ⅱ.①民… Ⅲ.①中国共产党-民族工作-成就-甘南藏族自治州 Ⅳ.①D633

中国版本图书馆CIP数据核字（2022）第063465号

责任编辑	姚启星
装帧设计	金晔
出版发行	民族出版社
地　　址	北京市和平里北街14号
邮　　编	100013
网　　址	http://www.mzpub.com
印　　刷	北京盛通印刷股份有限公司
经　　销	各地新华书店
版　　次	2022年7月第1版　2022年7月北京第1次印刷
开　　本	880毫米×1230毫米　1/16
印　　张	17
定　　价	380.00元

ISBN 978-7-105-16427-1 / D·3294（汉526）

该书若有印装质量问题，请与本社发行部联系退换
编辑室电话：010-58130512　发行部电话：010-64224782